ヤクザの人生も変えた名僧の言葉

向谷匡史

幻冬舎アウトロー文庫

ヤクザの人生も変えた名僧の言葉◆目次

まえがき　8

第一章　「明日」をあてにせず、今日一日を悔いなく生きろ

人生の不条理を無心で受け容れよ——趙州　16
ひとつを選び取るために、他を捨て去ることを恐れるな——法然　23
漫然と日々過ごすことこそ愚かなり——法然　29
苦しみの本質は、解決をあせる心にあり——一遍　34

人を救いたいと思うならば、自ら水に濡れ、泥にまみれよ――道元 41
人からの罵詈雑言に惑わず、我が道を歩め――蓮如 48
「明日」をあてにせず、今日一日を悔いなく生きろ――親鸞 55

第二章 欲心こそが苦しみの根源である

自分が為すべきことを、他人にやらせてはいけない――道元 64
悟った者はさらに一歩を進め、悟りに磨きをかけよ――『無門関』より 71
人生を切り拓くのは、辛抱の一語につきる――最澄 77
秋に収穫したければ、春に種を播け――空海 84
うまくいかないのが人生と悟れば、どんな窮地に立っても肚が据わる――源信 90
教える者、教わる者の呼吸が
一体となったときこそ物事は成就する――『碧巌録』より 97

欲心こそが苦しみの根源である――夢窓疎石 104

第三章 目先の快楽や利益はまやかしと知れ

ありのままに堂々と生きることこそ素晴らしい――百丈 112
自分の目と耳で確かめたものしか信じてはならない――寒山 119
自分は自分以外の何者でもないと悟ったときこそ道は開ける――良寛 125
成果を得るためには、目標以上の高い志を抱け――法然 132
自己の内にある無限の可能性は、自身では気づかない――『法華経』より 139
成功は、数えきれぬ失敗から成り立つ――道元 144
何のために生きるか。目先の快楽や利益はまやかしと知れ――空海 150

第四章　苦悩や悲しみをいつまでも引きずるな

心の目を働かせ、自分の欠点を見極めよ――蓮如　160
罵りも怒りも相手に与えた分だけ自分に返る――『法句経』より　166
酒におぼれることなかれ――『長部経典』より　174
表裏の美醜にとらわれることなく、日々恬淡と生きよ――良寛　180
人の値打ちは、慚愧の念を持つか否かで決まる――親鸞　187
心を空にし、苦悩や悲しみをいつまでも引きずるな――大慧　193
欲望や願望に振りまわされず、自然の流れに身をまかせよ――法然　200

第五章　死は必ず訪れる。今日かもしれないし、明日かもしれない

高く評価されれば、批判弾圧されることも覚悟せよ――日蓮　210

真実とは、言葉や文字で表すことはできない──『無門関』より　217
口先だけで行動がともなわない者は猩猩と同じ──空海　224
迷いとは、すべて我が身の可愛さから起こるもの──盤珪　231
志を貫けば、日々の糧がついてくる──最澄　239
剣を使うのに流儀は無用である──沢庵　246
なまじ思慮深い人間ほど、明快な判断ができない──白隠　253
死は必ず訪れる。今日かもしれないし、明日かもしれない──蓮如　261
文庫版あとがき　268

本文デザイン・DTP　美創

まえがき

人生は割り切れない。

これが現実だ。

それでも私たちは、何とか折り合いをつけて今日を生きている。「こんな会社、辞めてやる！」――帰宅途中の居酒屋で悪い酒を飲みながらも、翌日は何事もなかったような顔で出勤する。矛盾を矛盾として抱えながら生きていく。これが、私たちだ。

ヤクザは違う。

矛盾を矛盾として抱えたのでは、生きていけないのだ。

親分が白いと言えば、黒いものでも白くなる。これを矛盾だとすれば、もはやヤクザ社会は成り立たない。「殺(や)れ」と目配せされれば黙って走る。「身代わりに懲役に行け」と命じられれば黙って従う。それがヤクザ社会であり、命を懸けた日々にあって、矛盾を矛盾として抱えながら生きていくには、余りに重すぎるのだ。

だから、人生を割り切ろうとする。

己（おのれ）の生きざまを肯定しようとする。

だが皮肉にも、割り切れないものを割り切ろうとすればするほど、矛盾はより鮮明になって我が身に迫ってくる。

「人生、これでいいのか？」

という青臭い懐疑は、私たちよりもむしろ、ヤクザが抱える永遠の命題と言っていいだろう。

新人ヤクザは現実と理想の矛盾に悩み、中堅は、このままヤクザをやっていて大成できるのかという不安に苦しみ、不惑を過ぎると老後の生活を思い悩むのだ。

もしヤクザと話をする機会があれば、こう訊いてみるがいい。

——自分の将来のこと、何か考えていますか？

私が知る三十代半ばの中堅ヤクザは、自嘲した。

「勘弁してくださいよ。明日のこと考えてたら、ヤクザなんかやってられませんよ」

だが、矛盾を矛盾として抱えながら生きてこられた私たちも、次第に自分をごまかせなくなってきた。「将来に対する不安」という精神的な閉塞状況のなかで、「人生、これでいいのか」という懐疑が拭（ぬぐ）いきれなくなってきたのだ。己の人生を肯定しようとするなら、ヤクザがそうであるように、割り切れない人生を、割り切らなければならない。

ならば、ヤクザはどうやって人生を割り切っているのか。どんな曲折を経て、矛盾を割り切るに至ったのか——。

それが本書のテーマである。

私は平成十八年五月、思うところあって浄土真宗本願寺派で得度した。

僧侶の末席につらなり、仏法を学ぶ私に、編集者の太田美穂氏が、こんなことを言った。

「ヤクザという〝生き方〟を仏法で照射することによって、仏法がより鮮明に浮かび上がってくるのではないか」

反社会的な存在とされる彼らが、仏法や高僧名句に触れ、それによって生きざまがどう変わったか。これをテーマにしてはどうか、というアドバイスであった。

意外に思うかもしれないが、仏法や高僧名句に触れ、そこに人生の実相を見出すヤクザは少なくない。ひとたび抗争が起これば、否応なく生死（しょうじ）の狭間に身を置くのだ。人生について考えないヤクザのほうが、むしろどうかしているだろう。

抗争事件で殺人を犯し、十余年の長期刑を務めた北村三郎氏（仮名）もまた、刑務所で仏法に触れたひとりだ。出所するとき、「長かったな」と労う刑務官に、北村氏はこう言った。

「身体は獄中ですが、あたしの心は自由にここを出入りしていましたからね。長いと感じたことは一度もありません」

獄中で仏教関係の書物を読みあさり、自分の半生を振り返り、「生きること」「生かされていること」「人間の業（ごう）」などについて深く考えをめぐらせているうちに十余年が過ぎたのだと、私に語ったことがある。

きれいごとを言っているのではない。事実、北村氏はヤクザの足を洗ったわけではなく、いまも〝現役〟でいる。

ならば、仏法によって北村氏の何が変わったのか。

心の在りようである。

「懐疑の人生」から「確信の人生」へと、日々の生き方が変わったのだ。

「お釈迦さんが最後に残した言葉を知っていますか？　あたしは、あのひと言で吹っ切れたんですよ。人はどうあれ、己の信じた道を行けばいいんだ、ってね」

北村氏が語る釈迦の言葉とは、入滅に臨んで弟子の阿難を諭したものだ。

釈迦から入滅が近いことを知らされ、「私はこれからどうやって悟りの道に入ればいいのでしょうか」と嘆き悲しむ阿難に、釈迦は静かに告げた。

「自分自身を拠り所とし、他の者を頼ってはいけない。法を拠り所とし、他の者を頼ってはいけない」

これが釈迦最後の説法とされる「自灯明　法灯明」の教えだ。悟りとは人から教わって得るものではなく、「自分」と「法」を頼りにしながら自ら至るものである――という意味だ。「法」とは仏法のことであり、「自分」とは、仏法に照らされた己自身のことを言う。

（釈迦のこの教えを自分に当てはめたらどうなるだろう）

北村氏が自問し、得た結論が、ヤクザの法――すなわち「任侠」と、任侠に照らされた「自分」を拠り所にして渡世していくということだった。これが、ヤクザとして在るべき姿だと確信したのである。

　ヤクザで在ることの是非は措くとしても、北村氏が割り切れないヤクザ人生を、こうして見事に割り切ってみせたという事実は、私たちも参考にすべきだろう。

　週刊誌記者時代から現在まで、私は多くのヤクザに会ってきた。そして、僧侶の末席につらなったいま、仏法という網で来し方を掬いあげてみると、三十七人のヤクザが記憶のなかにいた。彼らが仏法や高僧名句といかにして出合い、触発され、その結果、生き方がどう変わっていったのか。私は記憶の糸を辿り、渾身の筆で書き込んだ。

　辛い話もある。

　心温まるエピソードもある。

　組織と家族の狭間で苦悩するヤクザもいる。

　勇気が湧いてくる話もある。

　きっと、ヤクザのなかに、あなたの分身を見ることだろう。本書が、人生の一助になれば幸いであると思う所以である。

　なお、この場を借り、次の三氏に謝辞を述べたい。編集者の太田美穂氏、ヤクザなど裏社会を書いて人気のフリーライター上野友行氏、仏教関係はじめ人生論やハウツーの分野で活躍するフリー編集者の小松卓郎氏。本書において、ヤクザという〝生き方〟が仏法でうまく照射できたとしたら、それは三氏の力によるものである。

第一章

「明日」をあてにせず、今日一日を悔いなく生きろ

人生の不条理を無心で受け容れよ

喫茶去(きっさこ)
——趙州(じょうしゅう)

期待と不安を抱いて組織に入り、ものの一ヶ月もすれば、思い描いた世界と現実のギャップに頭を抱える。〝五月病(ごがつびょう)〟は新卒サラリーマンだけでなく、新人ヤクザにもあるのだ。

(こんなはずじゃなかった)

と原田勝行君（仮名）が後悔するのは、A会系M組の準構（準構成員）になって一ヶ月足らずのときだった。

颯爽と肩で風切って歩く姿を思い描いてM組に入ったというのに、来る日も来る日も事務所の掃除と電話番。上の人間が顔を出せばパシリをやって、来客があればおしぼりを出し、お茶を出し、せっせと灰皿を取り換える。それでも二言目には礼儀がどうの、口のきき方がどうのと、兄ィたちの鉄拳が飛んでくるのだ。

（ヤクザ、やめようかな）

という迷いが生じるのは当然だったろう。

新卒サラリーマンが気ままだった学生時代を懐かしむように、原田君もまた、暴走族の一員としてブイブイいわせたころを思い浮かべて、

（こんなはずじゃなかった）

と、溜息をつくのである。

だがヤクザは、サラリーマンのように「じゃ、今日でやめます」とはいかない。

「なら、指を置いていけ」

とは言わないまでも、ヤキは入る。

ボコボコにされるだろう。

いや、ヤキはやむを得ないとしても、わずか一ヶ月でケツを割ったと、暴走族の旧友たちに嘲笑されるのが何よりつらい。さりとて、こんな日々を送っていて、将来に展望が開けるのだろうか……。まさに新人ヤクザの〝五月病〟であった。

そんな、ある夜のこと。本部長の武田拓也氏（仮名）が飲みに連れて行ってくれた。

「どうだ、少しは馴れたか」

「はッ」

緊張でガチガチになって答える。

「いいか、ヤクザってのはな、明日のことを考えてちゃ、務まらねぇんだ」

原田君の迷いを見透かしたように武田本部長が続ける。

「オレたちゃ、今日は無事でも明日はわからねぇ。ズドンと〝音〟を出しゃ、殺っても殺られても人生は終わる。それがヤクザだろう？　明日はどうなる、明後日はどうなる、一年後は、十年後は……。先のことまで心配するのはカタギのすることで、ヤクザは今日のことだけ考えてりゃいいんだ」

明日のことは考えるな——武田本部長の言葉を何度も反芻（はんすう）し、原田君は自分に言い聞かせるのだった。

それから二ヶ月ほどして、原田君は駅前の喫茶店で、中学時代の同級生たちとばったり会った。東京の大学に行っている連中が、夏休みで帰省していたのだ。

「原田君、M組に入ったんだってね」

三浦秀一君（仮名）が機嫌を取るように言った。中学時代の優等生で、東京の一流私大に通っていると噂で聞いていた。

「ああ」

原田君が紫煙を吹きあげて、険しい顔をして見せる。

「ヤクザって、大変なんだろうね」

「当たりめぇだろ。今日は無事でも、明日はわからねぇんだ。ズドンと〝音〟を出しゃ、殺っても殺られても人生は終わっちまう。明日のことを心配するのはカタギのすることで、オレたちヤクザは、今日のことだけ考えて生きてるんだ」

武田幹部の請け売り——というより、いつも自分に言い聞かせているセリフを口にした。

「喫茶去（きっさこ）、だね」

東洋史を専攻している三浦君が微笑んで言った。

「喫茶去？　どこの喫茶店だ」

「いや、よく喫茶店に間違われるんだけど、禅の言葉なんだ」

原田君のプライドを傷つけぬよう、三浦君が気をつかいながら「喫茶去」の意味を次のように説明した。

――「喫茶去」は、誰に対しても「お茶をお飲み」と、お茶をふるまった唐代の禅僧・趙州(じょうしゅう)の言葉で、たとえば修行僧が趙州を訪ねてきたとする。

「前にも来たことがあるかな？」

と趙州が問う。「はい」と答えた古参僧にも、「いいえ」と答えた新参僧にも、

「では、お茶をお飲み」

と、趙州はいつも同じ言葉を返した。

そこで、寺の経営を担当する院主が、

「なぜ老師は誰にでもお茶を勧めるのですか？」

と尋ねたところ、

「まあ、お茶をお飲み」

と趙州は静かに言ったという。

「喫茶去」とは、分け隔てなく誰にでもお茶をふるまい、お茶を出された人は無心でそれをいただく、という意味だ。

「つまり――」

と三浦君が言った。

「無心の日常生活の素晴らしさを、お茶に託して諭（さと）しているんだね。原田君が言うように、明日のことは思い煩（わずら）わず、今日のことだけを考えて生きるというのは、趙州禅師の〝無心の日常〟に通じるんじゃないかって、ふと思ったんだ」

この話を聞いたとき、原田君は胸のつかえがストンと落ちたような爽快な気分になった。

「明日は考えない」

と言い聞かせつつも、

（でも）

という懐疑の念が、霧のように心を覆っていたのだ。その霧が、「喫茶去」という一句で消し飛んだのである。「明日は考えない」という武田幹部の経験則が、趙州によって裏打ちされ、揺るぎない価値観として原田君の心にしみた。

（将来のことなど一切考えない。今日という日を、ヤクザとして生きていくだけだ）

迷いが吹っ切れ、原田君は決意を新たにしたのだった。

ヤクザとカタギとを問わず、「人生」は「不条理」と同義語だ。木の葉が沈んで石が浮くこともある。人生が不条理である以上、不条理に対して「なぜ」と問いかけることは無意味だ。すなわち「喫茶去」とは、お茶を〝人生の不条理〟に喩（たと）え、「無心で飲み干せ」と趙州は教えたのである。

ひとつを選び取るために、他を捨て去ることを恐れるな

選択（せんじゃく）とは、すなわちこれ取捨の義なり――法然（ほうねん）

「お父ちゃん、夏やのに、何で長袖着てんねん」

小学校にあがったばかりの真奈美ちゃん（仮名）に訊かれて、T会組員の黒川誠司氏（仮名）はドキリとした。

「あのな、父ちゃん寒がりやよって、夏でもすぐに風邪引きよるねん。せやから冬も

夏もシャツは長袖やないとあかんねん」

助け船を求めようと台所の妻に声をかけるが、知らん顔して包丁を使っている。

「あんときは、女房にカッとなりましたわ」

と一献(いっこん)傾けながら、黒川組員が述懐する。

「そら、刺青を娘に見せたらアカンことくらいは、わしかてわかってまんがな。せやけど、長袖着ろいうて、やかましゅう言うたんは女房や。シカトはないやろ。それに、わしかて家族を養うために身体張って仕事してるんやから。で、カッとしましてんけど……」

短気な黒川氏が、奥さんを怒鳴りつけようとして思いとどまったのは、昼間、組事務所でいじめの話を聞いたせいだった。小学四年生の息子がヤクザの子であることを級友たちに罵(のの)しられ、泣いて帰ってきたのだと、舎弟が歯ぎしりしながら語っていた。

ヤクザの子供がこうむる不利益は、いじめだけではない。これから将来、進学や就職、結婚など、人生の節目において大きなハンデとなるのだ。

「それを思うと、真奈美が不憫(ふびん)でね。女房の気持ち、わかるんですわ。アパートも借りにくくなってきよったしね。わしら、顔を売ってナンボの世界やけど、顔を売れば売るほど世間は狭もうなっていく。皮肉なもんやね」

イケイケとして名を馳せる黒川組員が、ふと垣間見せた〝家庭人〟の顔であった。

仕事と家庭の板挟みになって悩むのは、サラリーマンもヤクザも同じだ。いや、反社会的存在とされるだけに、彼らの苦悩はより深刻と言っていいだろう。我が子が幼いうちはまだいいとしても、成長していくにつれ、ヤクザであることが、重荷としてずっしりとのしかかってくるのだった。

そんな黒川組員が、今春、父親の十三回忌法要で、郷里のN県へ家族三人で帰省した。高校を中退して大阪に出奔し、先輩を頼ってT会に入った黒川組員にとって実家の敷居は高かったが、それでも帰ってみようと思ったのは、三十代も半ばを過ぎて〝里心〟がついたせいかもしれない。

身内だけで法要をすませ、お斎（会食）の席に移ってから、黒川組員は改めて真快住職（仮名）に無沙汰を詫びた。その昔――少年院を仮退院した黒川少年の面倒をみたのが、保護司でもあった真快住職だった。

「極道になったそうじゃのう」

「えろう、すんません」

「あやまることはない。不良少年が極道になったんじゃ。人生、一直線で結構なことよのう、アッハッハッ」

豪快に笑い飛ばしてから、

「子供はひとりか？」

真奈美ちゃんを見やりながら言った。

「ええ、六歳です」

「そろそろ生意気な口もきいて、可愛い盛りよのう」

「ええ、まあ」

「娘が不憫か？」

不意をつかれて、黒川組員が狼狽した。

「いえ、そんなことは……」

「無理せんでもええがな。極道の娘に生まれたことを不憫に思うてこそ、親の情じゃ。だけどな、極道になったことを後悔するのは〝欲〟に過ぎるぞ」

「欲に過ぎる……でっか？」

「そうじゃ。法然上人は——法然いうのは浄土宗を開いた偉い坊さんじゃが、その法然上人が、こうおっしゃっておる。『選択（せんじゃく）とは、すなわちこれ取捨の義なり』――。つまり、ひとつを選び取ることは、ほかを捨て去るという意味じゃ。極道という生き方を選択したということは、カタギの家庭生活を捨て去ったことになる。捨て去ったものに未練を残すのは、これは欲であり、人生を迷わすもとになるのじゃ」

捨て去ったものは二度と返ってこない、という覚悟があって初めて、迷いなき人生が送れるのだと、真快住職は諭した。法然上人は万巻の経典のなかから「南無阿弥陀仏」というわずか六文字を選び取り、ほかの一切を捨てた。当時の仏教界において、命懸けの大革命に取り組んだのである。「選択とは、すなわちこれ取捨の義なり」と、言葉にすれば平凡だが、その選択は、僧侶として覚悟の決断だったのである。

自分の半生を振り返ってみればわかるように、私たちの人生は「選択の日々」だ。いや、選択によって積み重ねた日々の集大成を「人生」と呼ぶのだ。そして、その選択が正しかったかどうかは、棺（ひつぎ）を覆うまでわからないにもかかわらず、私たち凡夫は捨て去ったものに未練を残す。

「それを、わしは〝迷いの人生〟と呼んでおる。迷いながらの日々を生きて、本人も家族も幸せになれるわけがあるまい」

真快住職の吐く言葉の一言半句が、黒川組員の胸に突き刺さった。極道の子供に生まれたというだけで、娘は不利益をこうむるかもしれない。不憫だ。そのことを思うだけで、つらくなる。だが、それは、自分がヤクザという生き方を選択し、家庭を持つという選択をし、子供を産ませるという選択をした必然の結果なのだ。「つらい思いも、楽しい思いも、笑いも涙もすべて腹に呑み込んで生きていけ」――真快住職は、そう諭したのだった。

「お父ちゃんが叱られてる！　お坊さん、うちのお父ちゃんを堪忍して！」

頭をさげる父親を見て、真奈美ちゃんが勘違いしたのだろう。泣きべそをかきながら駆け寄ってくると、父親を庇うように立ちふさがった。

「ええ娘やな」

真快住職が微笑んだ。

「大丈夫やで、真奈美、なんでもあらへん」

黒川組員が娘を抱きしめながら、もう一度、今度は我が身に言い聞かせるように、

「大丈夫やで」と小さくつぶやいた。

漫然と日々過ごすことこそ愚かなり

いたずらにあかし暮らして、やみなんこそかなしけれ
——法然

「組を持つ」

「店を持つ」

ヤクザとホストに将来の夢を尋ねると、たいていこの二つが返ってくる。

「好きで恐喝をやっているんじゃない、好きで女性客の機嫌を取っているんじゃない。

いまのオレは、夢を実現するための仮の姿なんだ」――彼らの多くが口にする夢は、社会的にネガティブな存在であることに対する〝自己弁護〟でもある。

「そうとでも言わなきゃ、大の男が〝男芸者〟なんかやってられんでしょう」

と語るのは、ホストクラブを経営する山野一雄氏（仮名）だ。Ｚ一家幹部・田島五郎氏（仮名）の紹介で食事をともにしたときのことである。

「だから、ホストやって成功するのは十人いて一人。あとはヒモになるか、水商売を転々だね。ヤクザも同じでしょう？」

山野社長に話を振られて、田島氏が応える。

「ああ。一端（いっぱし）の若い衆になる奴は十人に一人。一家を構えるまで出世するのは、ほんのひと握りだね。バカでなれず、利口でなれず、中途半端でなおなれず、てね。昔から言われているとおりですよ」

「同感ですね。面白おかしくやっているうちに、気がついたら四十、五十ってことでしょう」

「なるほど」

私が頷（うなず）いて、

「『いたずらにあかし暮らして……』ってやつですか」

そう言って話を継いだが、下座に控えていた角刈りの若い衆が顔を上げたほか、山野社長も田島氏も反応しなかった。

二時間ほど飲んでお開きになり、角刈りの若い衆が、田島氏のクルマで私を自宅まで送ってくれることになった。

「さっき、『いたずらに……』とか何とかおっしゃってましたが、あれは何ですか？」

ハンドルを握ったまま、若い衆が言った。

「あれは浄土宗を開いた法然の言葉でね。『いたずらにあかし暮らして、やみなんこそかなしけれ』といって、『ただ何となく日々を送り続けることこそ、かなしいことです』といった意味だね」

「ただ何となく……ですか」

「うん。で、そのあとに、こう続くんだ。『金谷（きんこく）の花を弄（もてあそ）びて、遅々（ちち）たる春の日をむなしく暮らし、あるいは南楼（なんろう）に月をあざけりて縵々（まんまん）たる秋の夜をいたずらにあかす』――」

一杯機嫌の私は、法然の教えとしていまに伝わる「法語」の一節を朗じて、

「ある人は庭園に咲き誇る見事な花を愛でては、春のうららをぼんやりと過ごし、ある人は楼閣から名月を楽しんでは、秋の夜長を虚ろに過ごす——そんな意味さ」

得意になって解説を続けた。

法然は「人みな常に苦しみぼやき、迷いに一喜一憂しながら漫然と過ごし、死にゆき、また来世も迷いの世界を輪廻する」と語り、その輪廻の世界を離れ出るには、念仏以外にないとした。つまり「ただ漫然と生きて、来世は何に生まれるのかと想像して過ごすことの、何と愚かなことよ」と説くわけだ。

「これを現実世界で読み解くなら、『ただ漫然と日々を過ごしながら、夢を抱くことの、何と愚かなことよ』ということになるんだね」

「くわしいですね」

若い衆がバックミラー越しに私を見て言う。

「坊主だから」

「えッ、お坊さんなんですか？　どうりでスキンヘッドだと……」

若い衆が口をつぐんだ。ヤクザ幹部、ホストクラブ社長、そして坊主——という取り合わせが不思議だったのかもしれない。

しばらく沈黙があり、信号待ちで若い衆が再び口を開いた。

「自分、組を持つのが夢なんです。いまのお話で目が覚めました。ただ何となく生きていたんじゃ、組は持てないということですね」

感謝されて、私は赤面した。調子に乗って法然の言葉を伝えただけで、私自身は、いたずらにあかし暮らす怠惰なる男なのだ。

返事に窮して、

「うん。頑張って」

曖昧に励ました。

「ええ、見ててください」

信号が青に変わり、若い衆は勢いよくアクセルを踏み込んだのだった。

夢を問われれば、誰でも饒舌(じょうぜつ)に語る。夢の実現のためにどんな努力をしているかを問われれば、寡黙になる。そして夢を実現して見せる人間は、さらに少ない。

法然の言葉を聞いて、若い衆の生き方がどれだけ変わったか、私にはわからない。だが、この若い衆を映し鑑(かがみ)とすることで、法然の説く言葉の意味を、この夜、私は改めて噛みしめたのだった。

苦しみの本質は、解決をあせる心にあり

降れば濡れ、濡れるば乾く袖の上を、
雨とて厭う人ぞはかなき——一遍

一遍は時宗の開祖で、「人間は等しく救われる」と説きながら諸国を巡った遊行僧だ。戦乱が続く鎌倉時代、末法思想に喘ぐ庶民に極楽往生を約束し、救済のお札と踊念仏によって爆発的な帰信者を得た。開祖でありながら寺を建てず、生涯を諸国遊行で過ごした高僧——それが一遍である。

「降れば濡れ、濡れるば乾く袖の上を、雨とて厭う人ぞはかなき」

という教えは、ひらたく言えば、

「雨に降られりゃ、服も濡れるがな。濡れても、そのうち乾くがな。濡れまいとして右往左往するのは愚かなこと。雨のときは濡れるがよろしい」

という意味で、遊行僧らしく、「あるがままを受け容れよ」という諭しは、飄々として、心惹かれるものがある。

某市に本拠を置くJ一家系A組幹部の田端四郎氏（仮名）が、一遍のこの言葉を知ったのは、破門になって鬱屈した日々を送っていたときだった。破門の原因は、田端氏の若い衆が本家の禁を破り、覚醒剤の密売に手を出して警察に逮捕されたことだが、そのことだけであれば、処分は当の若い衆だけであったろう。ところが当時、薬物乱用による凶悪事件が多発していたことからマスコミに大きく取り上げられ、本家の手前もあってA組は厳しい処分を科したのである。

A組長に破門を言い渡されたとき、田端氏は血の気が引いた。

（生きていけなくなる）

そう思った。

何の特技も、能力もない。手に職もない。使ってくれるとしたら、現場仕事しかあるまい。だが、昨日まで肩で風切って歩いていた兄ィが、三十代も半ばになって、いまさら汗まみれの現場仕事などできるわけがない。

ヤクザは、ヤクザであることが仕事なのだ。

破門になって代紋を失えば、その日からメシの食い上げになる。ミカジメ（用心棒代）と、追い込み（債権取立）を仕事（シノギ）にしていた田端氏の顔から血の気が引くのは、当然だったろう。

「待ってください」

とは口が裂けても言えない。親分が黒と言えば、白いものでも黒くなる世界だ。たとえそれがどんな理不尽なことであれ、親分に対する返事は、常に「はい」の一言（いちごん）で答えるのがヤクザなのだ。

しかも、破門になったからといって、別の組に入るわけにはいかない。破門はヤクザ社会からの追放であり、破門になった人間を別の組が拾えば、それは敵対行為とみなされ、場合によっては抗争にも発展する。他組織に拾われる例がないわけではないが、人間関係が濃密な地方都市で破門になった人間は、いわば〝火中の栗〟であり、手を出す他組織は、まずないと思っていいだろう。サラリーマンがクビになるより、はるかに厳しいのがヤクザ社会なのである。

田端氏は理事長に〝泣き〟を入れ、復縁の取り持ちを頼んだ。絶縁処分は完全な縁切りだが、破門は復縁もあり得るからだ。

「わかった。いずれ時期を見て、オレから親父に話しておく」

「いずれだなんて言わないで、お願いしますよ。女房子供を抱えて、このままじゃ顎があがっちまいます」

田端氏も必死だった。

「しつこいぜ」

「それはわかってますが、しかし……」

「バカヤロー！　親父だって本家に顔向けできねぇで困ってるんだ！」

吸いさしの煙草を投げつけられた。

系列他組織の有力者にも頼んだが、取り合ってもらえなかった。

（自分は復縁できるのか、それともこのまま……）

考えるだけで、絶望的な気分になるのだった。

「そんなときですよ」

と、田端氏が語る。

「アパートでごろごろしながら雑誌を読んでたら、『雨が降れば袖は濡れる、濡れたら乾くのを待て』なんて、昔の偉い坊主の言葉が載ってたんですよ。バカ言ってやがる――そんときは腹が立ちましたね。クソ坊主が、口じゃ、どうだって言える。ところが、この言葉が妙に頭の隅に引っかかってね」

十九歳でヤクザ社会に飛び込んでから、ずっと言われ続けた「辛抱」というのは、このことではないか――そう思うようになったのだと、田端氏は言う。

「世のなか、ジタバタしたって始まらないんだって、自分に言い聞かせたんですよ。復縁したい、一日も早く復縁したい、いつ復縁できるんだ、とあせるから苦しいんだってね。ノンキに構えてりゃいいんだって、気がついたんですよ。女房が夜の勤めに出てくれるから、とりあえず今日、明日のメシは食える。その先のことについちゃ、知っちゃいねぇって。そしたら、スーッと気持ちが楽になったんですよ」

田端氏が一遍の言葉をどこまで理解したかわからない。だが「いつ復縁できるのか」というあせりが、苦悩の元凶であることを見事に見抜いている。一遍はまさに、苦悩の元凶の一つに、この「いつ」という思いをあげているのだ。

たとえば、リストラに遭っても、三ヶ月後に再就職できるとわかっていれば生活苦にも耐えられる。家庭不和に苦しんでいても、あと一年で解決するとわかっていれば、いくらでも耐えられる。イヤな上司も、あと半年で定年退職になるとわかっていれば、へっちゃらだ。リングで戦うボクサーに対し、セコンドがラウンドの終盤に「ラスト三十！」と声を掛けるのもそれと同じで、「あと三十秒でゴングだから頑張れ！」と〝終点〟を告げることで選手を奮い立たせている。

ところが、私たちが人生で遭遇する不幸や悩みは、「ラスト三十！」とはいかない。五年、十年、あるいは一生続くかもしれないし、翌日、ケロリと解決するかもしれない。この〝手探り状態〟に苦しむのだ。

言い換えれば、早く楽になりたいと、あせればあせるほど、苦しみは増していくことになる。あせりに負け、この苦しみから生涯抜け出すことはできないのではないかと気弱になったとき、人間は絶望に襲われる。苦しみの本質は、「苦しみ」そのものではなく、解決をあせる、まさにその心にある――と、一遍は喝破するのだ。

楽になりたければ、あせらないことだ。ノンキでいいのだ。苦しいときは、鼻歌でも唄っていればいいのだ。そのうち何とかなるさ——と、笑っていれば、振り子が右に左に振れるように、本当に何とかなってしまう。それが人生だと、一遍のこの言葉は教えているのだ。

田端氏は遊んで暮らした。苦しくなかったと言えば嘘になろう。だが、苦しみの正体が何であるかを知っているのだ。あとは、それを飼い馴らせばよい。田端氏の復縁が許されるのは、破門から丸一年後のことだった。

人を救いたいと思うならば、自ら水に濡れ、泥にまみれよ

和泥合水（わでいがっすい）
——道元（どうげん）

K一家・槙原誠一郎会長（仮名）の自宅応接間に、「和泥合水（わでいがっすい）」という横書きの額が掛かっている。

懲役が長く、刑務所で書を習得した槙原会長が、還暦を迎えた記念に揮毫（きごう）したものだ。墨をたっぷりと筆に吸わせて、叩きつけるように書かれた文字は、筆勢があって

躍動感にあふれていたが、書に暗い山川浩司組員（仮名）には、乱雑な文字にしか見えなかった。

「和泥合水」は、曹洞宗開祖・道元の言葉で、

「人を救いたいと思うのであれば、みずから水に濡れ、泥にまみれなくては救うことはできない」

という意味だが、山川組員の記憶の片隅に「清濁併せ飲む」という言葉でも引っかかっていたのだろう。

左から「水合泥和」と逆さに眺め、字面のイメージから、

（水と泥を合わせ飲む）

と、男の器量を表したものと勝手に解釈していた。二十代半ばの若い組員にとって、書や仏教など関心の外であったろうが、たとえ興味があったとしても、雲上人の会長に揮毫の意味など、気安く問えることではなかった。

そんなある日のことだ。

山川組員が、若頭の使いで届け物を持って槙原会長宅へ行くと、

「お茶でも飲んでいけ」

と、槙原会長が声をかけてくれた。

山川組員は緊張で背筋を硬くしながらソファに腰をおろしたが、そわそわと落ち着かず、目を泳がすようにして壁に目をやった。例によって、乱雑に書き殴った「水合泥和」の額が掛かっている。

「おまえ、書に興味があるのか?」

槙原会長が感心したように言った。

「は、はい」

「そうか」

大きくうなずいて、

「わしの半生はな――いや、ヤクザの生き方というのは、この四文字につきるんだ」

と続けた。山川組員に見どころがあると思ったのだろうか。若い衆を相手に、会長がこんな話をするのは珍しいことだった。

「昔、××事件があったろう」

「はッ、話には聞いております。会長がジギリかけて、長い懲役に行かれた……」

ジギリというのは、組のために身体を懸けることで、〝××事件〟とは、当時、中堅組員だった槙原会長が、抗争相手の組長を射殺した事件を言う。

「うん。あれで、わしは十年の刑を打たれたんだが、あのときはな……」

と、遠い過去の記憶を手繰(たぐ)るように目を細めて話し始めた。

地元を同じくするK一家とX組が、債権取立をめぐって一触即発の状態になったときのことだ。「チャンスだ!」「叩きつぶせ!」「組長の命(タマ)を殺(と)れ!」――K一家の幹部は誰もが主戦論を口にしたが、ならば誰の若い衆をヒットマンとして走らせるかということになると、一様に口をつぐんだ。若い衆が可愛いからではない。殺人教唆で逮捕される危険があったからだ。親分の命令とあればやむを得ないが、そうでなければ回避したいというのが本音であったろう。親分は身体を壊して入院中であったことから、話はなかなかまとまらなかった。

「おまえんところの××はどうだ?」

「あいつは目が悪くてな。拳銃(チャカ)は無理だ。それより、おまえのところの××はどうだ」

「子供が生まれたばかりだから、二の足を踏むかもしれない。それより、本部長とこの××はどうですかい?」

「ウーン……」

「自分がやります！」

たまりかねて、槙原会長が毅然と言い放ったのだった。

こうして槙原会長は下獄する。十年一昔(ひとむかし)というように、それは気の遠くなるような歳月だった。この間、Ｋ一家組長は病気引退し、槙原会長に組長を殺されたＸ組は跡目をめぐって紛糾。これを好機と見た広域組織Ｇ会がこの地に乗り込み、両組織を一本化して傘下に収めた。女房と子供は、女房の実家に身をよせることができたが、槙原会長には帰るべき組織がなくなってしまったのである。

自分は貧乏くじを引いたと思った。バカなことをしたと後悔もした。懲役(つとめ)を終えたら大幹部だなんてバカな夢を見た――と自嘲もした。

将来に夢を失った槙原会長は、刑務所で仏教関係の書物を読み始めた。そのなかに「和泥合水」という道元の言葉を見つけたのだった。

（これだ！）

と、思った。

（自分の生き方は正しかったのだ）

と得心した。

「人を救いたいと思うのであれば、みずから水に濡れ、泥まみれにならなくては救うことはできない」

という道元の教えを、槙原会長は、

「ヤクザの組員は、組織を守るためには、みずから水に濡れ、泥まみれにならなくてはならない」

と読み解いた。

自分は組のために、こうして水に濡れ、泥にまみれた。

(これでよかったのだ)

と納得したのだと、山川組員に語った。

そして十年後。満期出所した槙原会長は、K一家とX組を傘下に収めた広域組織G会から、その度胸と一本気な性分を見込まれ、支部長として迎えられたのだった。

「いいか、山川。他人に道を拓かせ、そのあとを歩いて行こうなんて、ケチな料簡は捨てることだ。人恃(だの)みの人生は小判鮫(こばんざめ)と一緒で、自分の意志ってぇものがねぇのさ。こんな男に天下が取れるわけがない。大手を振って我が道を歩きたいなら、泥まみれになって、自分で切り拓いていくことだ」

「はい！」

山川組員は、会長の言葉に震えるほどの感動を覚えた。これまでの自分は、手を汚さないよう、要領よく立ちまわることばかり考えていた。だがそれは、小判鮫の生き方にしか過ぎないのだ。どんなに要領よく立ちまわったとしても、小判鮫は所詮、死ぬまで小判鮫なのである。

山川組員は、もう一度、壁の書を見やると、

（和泥合水、和泥合水、和泥合水……）

脳裡に刻みこむかのように、何度も何度も声に出さないでつぶやくのだった。

人からの罵詈雑言に惑わず、我が道を歩め

悪口は毒蛇と思え。受け取るな――蓮如(れんにょ)

「あんた、何すんの!」

美加子(仮名)が叫んだ。

「井上のガキ、ブッ殺したる」

内縁関係の友田三郎組員(仮名)が自宅アパートに駆けもどるや、押し入れの天井

裏に隠していた拳銃を取り出して、腰のベルトにねじ込んだのだ。

目が血走っている。

「どないしたん？」

「井上が、わいの悪口を言うて歩いとるらしいんや。舎弟が言うとった」

「らしいやなんて、確かめてから……あんた！」

三郎が飛び出して行った。

井上というのは、同じM会系傘下の若い衆で、三郎と同じ二十代半ば。二人ともイケイケのライバルとあって、お互いを常に意識していた。そこへ井上が悪口を言って歩いているという話を、三郎は舎弟から小耳にはさんだというわけである。

ここで黙っていたら〝安目〟を売ると思ったに違いない。元ホステスで三歳年上の美加子は、三郎の気持ちが手に取るようにわかった。一瞬の躊躇（ちゅうちょ）があって、美加子は脇田四郎氏（仮名）に電話して事の次第を話した。脇田は、三郎が所属し、心酔するT組幹部だった。

タクシーのなかで、三郎の携帯が鳴った。

脇田からだった。

「三郎です」

——いま「Q」で飲んどんのや。

ヒマだから顔を出せ——。ヤクザ独特の言いまわしで、脇田はそう言っているのだ。

三郎は逡巡したが、咄嗟のことで断る口実が思い浮かばず、

「十分ほどで行きます」

と告げた。

クラブ「Q」に入ると、脇田は奥のボックスで、ホステス二人を相手に飲んでいた。静かな酒で、ヤクザ幹部の酒席には見えない。そういう脇田のストイックな生き方に、三郎は心酔していたのだった。

その脇田が、この夜は饒舌だった。

「極道は身体を懸けてなんぼの世界や。せやから、身体懸けたからゆうて偉うも何ともあらへん。器量に差が出るとしたら、どういう理由で、誰のために身体を懸けたか、ここで決まるんや」

脇田は言葉を切ると、グラスを口に運んで、

「あれは、いまから十五年ほど前のこっちゃ。わしは傷害致死で懲役へ行った」

と語り始めた。

この一件については、三郎は先輩から聞いて知っている。他組織の若い衆と飲んでいてケンカとなり、脇田が匕首（あいくち）で刺し殺したのだ。いまの自分と同じ状況だ。三郎は、聞き漏らすまいと身を乗り出した。

「で、五年の務めを終えて出所した、その日のこっちゃ。わしは小指を落としてワビを入れさせられた。せっかく若頭付（かしらづき）になっとったのにヒラに格下げ。しかも謹慎処分や。刺したことは後悔せぇへんけど、アホなケンカをしたっちゅうことは後悔した。いまも覚えとるけど、あの夜、ドス取りに走ってアパート帰ったら、女房が『あんた、毒蛇を受け取ったらアカン』言うて必死で止めたもんや。けど、わし、頭に血が上っとるさかい、足で蹴飛ばしたってん」

「毒蛇、でっか？」

「ああ。女房の実家に月参りに来る坊さんが、蓮如（れんにょ）たらゆうエライ坊さんの話をしたらしいんや。悪口は毒蛇といっしょやさかい、亭主に受け取らせたらアカンとかなんとか。わし、短気やさかい。で、『毒蛇、毒蛇』ゆうて、女房が普段からやかましゅう言（ゆ）うとったんや」

話がここに至って、あまりにできすぎた説教であることに三郎は気がついた。しかも、自分がアパートを飛び出した直後の呼び出しなのだ。美加子が電話したに違いない——そう確信した。頭にきたが、脇田の兄ィが「やめろ」と言っている以上、逆らうことはできなかったと、三郎は後に私に語った。

「やめろ」と命令すれば一言ですむことを、わざわざ持ってまわった言い方で諭したところに、私は脇田氏の三郎に対する愛情を感じたが、三郎はまだ若い。脇田氏の諭しに納得したわけではなく、井上に〝安目〟を売ったという屈辱感から、イライラと鬱屈した日々を過ごしていた。

ただ、「毒蛇」という言葉が妙に気になっていた。心酔する脇田が口にした言葉であったからかもしれない。

「美加子、〝毒蛇〟のこと、妹に調べるよう言う(ゆ)てくれ」

「毒蛇？　なんやのん、藪から棒に」

「なんでもえやろ。〝毒蛇〟や。蓮如たらゆう坊主や。すぐ調べるよう言うてくれ」

美加子はあきれながらも、女子大に通う妹に連絡を取った。

こうして、三郎は、蓮如の教え——「悪口は毒蛇と思え。受け取るな」の意味を理解するのだ。

蓮如上人は、浄土真宗中興の祖と呼ばれ、現在の礎を築いた本願寺八世だ。その蓮如上人が門徒に書いた手紙をまとめたものを『御文章（御文）』というが、〝毒蛇〟はそのなかに出てくる次のエピソードだ。

釈迦が弟子たちと托鉢して歩いていると、町民がくってかかってきた。

「オレたちは額に汗して働いているというのに、おまえたちは托鉢と称して、人に物をもらって生きているではないか」

町民は罵詈雑言を浴びせ、言い疲れて黙ったところで、

「言いたいのはそれだけですか？」

釈迦は言い置いて、その場を立ち去った。

収まらないのは、弟子たちだ。

「お釈迦様、どうして反論しないのですか！」

詰め寄る弟子たちに、釈迦は問いかける。

「では、訊くが、おまえたちは、誰かが毒蛇を持ってきたら受け取るのか？」

「まさか。受け取るわけがありません」

「受け取らなければ、その毒蛇はどうなる?」

「持ってきた人間が、そのまま持って帰ることになります」

「そのとおり。だから、私は悪口という〝毒蛇〟を受け取らなかったのだ」

悪口という毒蛇――すなわち汚れた心は、あの町民が持ち帰ったのだ、と諭したのであった。

「抹香臭い話なんか、わいは興味ないねんけど」

と三郎はテレ臭そうに笑いながら、

「なるほど、思うたわ。〝毒蛇〟なんか受け取るのは、確かにアホや。自分で言うのもなんやけど、この話聞いて、なんや自分がひとまわり大きゅうなったような気がしてきてん」

あのとき自分は確実に変わった、と十年後のいま、T組幹部に抜擢された三郎は言い切るのである。

人生街道には無数の小石が転がっている。歩きにくいだろう。だが、その一つひとつに腹を立て、立ち止まり、蹴飛ばしていたのでは、道を進むことはできない――三郎が、蓮如の〝毒蛇〟を自分流に解釈し、いま若い衆たちにそう言って諭すのである。

「明日」をあてにせず、今日一日を悔いなく生きろ

明日ありと思う心のあだ桜、
夜半に嵐の吹かぬものかは――親鸞

私が浄土真宗本願寺派で得度したのは、平成十八年五月だ。得度式は夕刻から西本願寺で執り行われ、習礼で寝食を共にした同期五十六名が僧侶となったのだが、得度式が夕刻に行われるのは、

「明日ありと思う心のあだ桜、夜半に嵐の吹かぬものかは」

と詠んだ浄土真宗開祖・親鸞の名句に依る。

親鸞がこの句を詠んだのは、得度に臨んだ九歳春のこと。幼くして両親を亡くした親鸞は激しい無常を感じ、出家すべく叔父に連れられて青蓮院の門をくぐるのだが、当時、得度（出家）するには中務省という役所の許可が必要で、その許可の取得が夕暮れになってしまった。

得度出家の儀は、剃髪しなければならない。

「今日はもう日も暮れたことだし、明日にしよう」

と、院主の慈円が幼い親鸞を気づかったところ、

「明日ありと思う心のあだ桜　夜半に嵐の吹かぬものかは」

という歌に託して、

「いま咲き誇っている桜も、夜のうちに嵐にあって散ってしまうかもしれません。私が明日まで生きている保証が、いったいどこにありましょう。お願いですから、いま得度をしてください」

と親鸞は訴えたのだった。

天台座主まで務めた高僧の慈円は、歌に託された親鸞の心根に感嘆し、その夜に得

度出家の儀を執り行った。この由緒から、西本願寺の得度式は夕刻から始まり、夜になぞらえて本堂を黒い幔幕で囲って真っ暗にし、蠟燭の明かりで厳かに執り行われるというわけである。

U組の秋山隆秀組員（仮名）が、親鸞のこの名句を知るきっかけは、細川雄治組長（仮名）の一言だった。

「おめぇん家は何宗だ？」

「な、なに宗と言われても……」

「バカ野郎！　てめぇの宗派も知らねぇで、ヤクザが身体懸けられるのか」

怒鳴りつけられ、あわてて広島の実家に電話すると、浄土真宗だと母親が教えてくれた。そう言えば、細川組長も確か浄土真宗とか言っていたような気がした。秋山組員は知らなかったが、組長の出身地である福井県もまた〝真宗王国〟と呼ばれ、広島同様、真宗の盛んな土地柄だった。

組長と同じ宗派であれば、少しは真宗のことを知っておかなければヤバイ。さっそく書店へ行って、一番やさしそうな仏教本――漫画による解説書を買って読んでみた。教義についてはよく理解できず、結局、途中で放り出してしまうのだが、親鸞の「明日ありと思う心のあだ桜　夜半に嵐の吹かぬものかは」という句には、何となく惹きつけられた。「明日」「あだ桜」「嵐」といった文言が、たぶんヤクザという生き方に感応したのだろう。

秋山組員から私に電話がきた。私が浄土真宗の僧侶になったことを人づてに聞いたとのことで、真宗についていろいろ教えて欲しいと言うのだ。私と彼とは旧知で、ひさしぶりに一杯やることにした。

「で、『明日ありと――』って親鸞が言ってるじゃない？　明日は生きてるかどうかわかんねぇってことは、人生は〝先行逃げ切り〟で勝負しろってことでいいの？」

ヤクザらしく、即物的な解釈をぶつけてきた。三十代半ばの秋山組員にとって、いまが正念場。出世するか燻るか、そろそろ将来が見えてくる年齢だった。

「いや、そうじゃないんだ。〝明日〟という不確かなものをあてにせず、今日一日を悔いなく生きろという意味だ」

「きれいごとは勘弁してよ。悔いなく生きろったって、オレなんか明日死んだら、後悔だらけだもの」

「その後悔もすべて含め、明日をも知れないのが人間だと親鸞は言っているんだ。つまり、人間は誰でも必ず死ぬ。生き続けることはあり得ない。その厳然たる事実をしっかりと肝に銘じて今日を生きろ、というのが、親鸞の教えだ。わかるかい？」

「ウーム」

と唸りつつ、何となく腑に落ちない顔をして酎ハイを口に運んでいるので、私はこんな話をした。

人間は誰でも「死にたくない」と言う。

死にたくはないが、しかし、誰もが自分は確実に死ぬということを知っている。

死ぬとわかっていながら、

（死にたくない）

と願うのは煩悩だ。僧侶の立場で言えば、「死」は人間が有する「四苦（しく）」の一つで、この苦しみからは逃れられないとする。だからガンと宣告されて目の前が真っ暗になるのは、人間の本能と言ってよい。「死にたくない！」と、もがいて当たり前なのである。

だが、死への恐怖を超越し、心穏やかにして充実した日々を生きようとするなら、逃避ではなく、「人間は必ず死ぬ」という現実をしっかりと見据えることから始まるのではないか。「ゴール」から「現在」を見るのだ。マラソンはゴールがあるから一所懸命に走れる。人生も同様で、「死」というゴールを見据えてこそ、充実した現在があると、私は考える。

ただし人生は、マラソンと違って、「死」というゴールが具体的に見えない。今日かもしれないし、明日かもしれない。十年後、二十年後、いやギネスブックに載るまで生きるかもしれない。

ならばゴールをどう定めればよいか。

それは、「明日」をあてにしないことだ。「今日、死んでも悔いはない」と、肚(はら)をくくって精一杯、生きることだ。「明日ありと思う心のあだ桜――」という親鸞の言葉は、「明日」が来るのを信じて疑わず、人生を無限と考える人間の愚かさを諭しているのだ。

人生の充実は、常に「今日」をゴールと定めて生きてこそ叶えられる。悩みから解放され、日々を平静に、そして楽しく生きる方法は、真剣勝負の人生の他になく、そこに気づくかどうかで人生は大きく変わってくる――と、秋山組員にそんな話をした。

秋山組員が、どこまで親鸞の教えを理解したかはわからない。思うところがあるの

か、しばらく考え込んでいたが、やおら顔を上げると、

「何だか目が覚めたような気分だよ」

と言って笑った。

仏法はわからずとしても、高僧の名句はヤクザの心を動かす——私は、そう思った。

第二章

欲心こそが苦しみの根源である

自分が為（な）すべきことを、他人にやらせてはいけない

他不是吾（たふぜこ）――道元

組織としての規模は小さいが、一騎当千の組として知られるのがＰ一家だ。

「親分（おやじ）のためなら何度死んでもいい」

と組員たちは口をそろえる。

実際、Ｐ一家の組員は、傷害致死など長期刑の受刑者が多く、そのほとんどが組の

ために身体を懸ける「ジギリ」によるものだった。

「あそこは〝狂犬〟の集まりだ」

と他組織の人間は眉をひそめるが、「狂犬」という喩えは、ヤクザにとって讃辞であり、「あそことはコトを構えたくない」と一目置くことを意味する。広域組織の寡占化が進むなかにあって、P一家が一本独鈷（いっぽんどっこ）を貫いていられる理由は、ひとえに高坂勇次組長（仮名）のカリスマ性にあると言ってもいいだろう。

「だけどね」

と、高坂組長が一家を構えた当時を振り返って言う。

「看板を上げたのはいいけど、なかなか組織に芯が通らなくてね。知ってのとおり、この世界は打算で動く。身体が懸かるんだから当然だけど、親分として駆け出しのオレにはそこんところがよくわからなくてね。ケツを叩きゃ、若い衆は走るんだけど、これが走るふりばかり。なかなか思うようにいかなかったんだ」

組を立ち上げて二年が過ぎた夏のことだった。信心深かった高坂組長は、この年も菩提寺である曹洞宗A寺に墓参し、寺務所に立ち寄ると、まもなく八十になるという先代住職がいた。

「ご無沙汰しております」

「これは大親分、ようこそお参りなさった。さっ、お座りなさい」

冷たい麦茶を勧めながら、

「どうじゃな、組のほうは」

「それが、若い衆が思うように動かなくて困ってますよ。なんぞ、いい方法はありませんかねぇ」

高坂組長としては、話の接ぎ穂のつもりで愚痴をこぼしてみせると、

「他は是れ吾にあらず」

と、先代が答えた。

「なんですか、それ」

「これは道元の『典座教訓』にある一句でな」

と言いながら筆を執ると、半紙に「他不是吾」と書いて、

「自分が為すべきことを、他人にやらせてはいけない、という意味じゃ」

と言って説法を始めた。

「典座とは、禅の修行道場で、修行僧たちの食事を作り調えることを司る役職を言う

が、料理人ではない。典座の役職に就くのは、菩提心——すなわち、悟りを求める深い心を起こした僧だけが充(あ)てられ、仏道修行そのものとされる。そして——」

と、次のようなエピソードを話してくれた。

道元が天童山で修行していたときのことだ。六十八歳になる典座が、額から汗をしたたらせながら炎天下で海藻を干していた。道元はそれを見て、典座がそこまですることはあるまいに、と思い、

「なぜ若い僧にやらせないのですか」

と問うたところ、

「他(た)は是(こ)れ吾(われ)にあらず」

と答えた。

「他人のしたことは自分がしたことにはならない、という意味じゃ。親分とて、自分が為(な)すべきことをせずして、若い衆は動くまいて」

「なるほど、これはいい話をありがとうございました」

と、高坂組長は礼を言って辞したが、これは社交辞令。ヤクザ社会は親分が絶対で、若い衆は手駒なのだ。自分が率先して動くことなど、高坂組長は考えもしなかった。

それからしばらくして、Ｐ一家は債権取立をめぐって、広域組織Ｑ会の〝枝〟（下部組織）とぶつかった。新興組織のＰ一家がどう出るか、近隣の他組織が注視する。値踏みである。シッポを巻けば、寄ってたかって叩き潰されるだろう。

高坂組長は悩んだ。ライオンと子犬のケンカである。話がこじれてドンパチになれば、その場で嚙み殺されるだろう。しかし、キャンキャン泣けば近隣の組から袋叩きにされる。行くも地獄、退くも地獄……。

（よし、それなら）

高坂組長は、肚をくくり、一人でＱ会本部へ乗りこんだのである。

当初は、若頭（かしら）を使いにやろうと思っていたのだが、ふと、

「他（た）は是（こ）れ吾（われ）にあらず」

という先代住職が言った一句が脳裡をよぎったのである。相手はＱ会だ。若頭（かしら）をやったところで、どうなるものでもない。ならば自分が出向こう——そう思ったのだ。

死中に活路を求めたわけではない。

乾坤一擲（けんこんいってき）の勝負でもない。

諦観でもない。

ただ漠然と、これは自分の役目だ、と思ったのだった。

驚いたのはQ会だ。あきれ、そして感心した。地方の弱小組織の親分が一人で本部事務所に乗りこんできたのだ。この度胸にQ会会長が惚れ込み、高坂組長の顔を立て、この一件から手を引くよう〝枝〟に命じた。

高坂組長の〝暴挙〟にQ会も驚いたが、もっと驚いたのはP一家の若い衆たちだ。自分たちを走らせることなく、自ら身体を懸けたのだ。組長の度胸に心酔し、自分たちも本物のヤクザになりたいと願った。こうしてP一家に一本芯が通り、〝狂犬の集まり〟になっていくのである。

これには後日談がある。

Q会との一件が解決してから、高坂組長は先代住職を訪ねてお礼を述べ、

「陣頭指揮に立つことの大切さがよくわかりました」

と言ったところが、

「そうじゃない」

と先代は諭した。

「親分が為すべきこと――つまり、あんたは若い衆に押しつけることなく、みずから

死中に飛び込んだ。責務に殉じようとした、その心が若い衆の魂を揺さぶったのじゃ。そりゃ、若い衆はあんたの度胸に感心もしたろうが、それは本質ではない」

この言葉が、高坂組長の胸にしみた。陣頭指揮などという小手先の演出で、若い衆は動かないということを悟った。

「本物の親分になりたい——このとき、オレは心底思ったんだ」

Q会との一件から五年後の回想であった。

悟った者はさらに一歩を進め、悟りに磨きをかけよ

百尺竿頭(ひゃくしゃくかんとう)に一歩を進む——『無門関(むもんかん)』より

「努力して成功するなら、人生は楽なもんだ」

ヤクザ界で知られた長老の秋山行延氏（仮名）が生前、よく口にしていたセリフがこれだ。

「努力で人生が拓けるなら、人の二倍も三倍も努力すればいい。だが現実は、努力し

て報われないことがほとんどで、努力に成果が比例しないのが人生だ。それを不条理としてボヤくか、面白いとして前向きに生きるかで、人生は決まるんだ」

と諭す。

意外に思うかもしれないが、人生論を口にするヤクザは少なくない。修羅場の日々にあって、人生がどう決着するのか、私たち以上に不透明であるからだろう。それだけに、彼らが語る人生論に甘さは微塵もなく、心理の本質をつく。

「人間はすべて損得で動く。利害の損得だけじゃない。慈善だって、自己満足を得るからやるんだ」

「他人の不幸を肴に〝同情〟という美酒に酔う。是非じゃない。これが人間というものなんだ」

「勢いよく走ってるときは、みんなが応援団。ところが、つまずいて転んでみろ。今度は、ざまみろって、みんなが石を投げる」

それが人間だ——と、先の秋山氏はよく言っていた。昔気質で「ヤクザは商人じゃねぇ」と〝経済ヤクザ〟を厳しく批判し、「侠客」であろうと念じながらヤクザ人生をまっとうした。

「辞を低くしてカタギ衆に迷惑をかけるな。旦那衆に頼み事をされ、それでシノギするのがヤクザだ」

というのが口癖だったが、その秋山氏も本来は短気で、五十の声を聞くまでは武闘派としてその名を轟かせていた。「ヤクザはケンカしてなんぼ」と公言し、抗争を繰り返し、そのたびに組織は大きくなっていった。秋山氏が「百尺竿頭に一歩を進む」という一句に出合うのは、富と権力を手に入れ、まさに人生の絶頂期のことだった。

「私と古いつき合いの建築会社オーナーと飲んだときに、オーナーが酔ってね。『名親分と讃えられる男になってくれ』って言い始めたんだ。何をバカなことをと思ったけど、これがしつこくてねぇ。『栞を挟んであるからそれを読め』って、禅の本無理やり押しつけられたわけさ」

もらった本を捨てるわけにもいかず、しばらく自宅の応接間に放ってあったが、ある日のこと。ふと目に留まって、何気なく栞の箇所を広げた。そこに書かれていたのが「百尺竿頭進一歩」であった。

「唸ったよ。親分だ会長だと呼ばれていい気になっているが、そんなことじゃ、ただのヤクザで終わる。本物の侠客になりたい――そう思ったんだ」

秋山氏はそう言ったが、人生の酸いも甘いも嚙み分けたヤクザの親分だ。いくら仏教名句といえども、一読して人生観が変わるなど、俄に信じられないことだったが、

「百尺竿頭ってのは、百尺もある長い棹の先端という意味でね……」

秋山氏はかまわず続けた。

「百尺竿頭進一歩」は禅の公案として知られ、中国宋代に無門慧開によって編集された禅の公案集『無門関』に出てくるもので、次のような問答になる。

石霜和尚「百尺竿頭、如何が歩を進めん」

長沙和尚「百尺竿頭に坐する底の人（とどまる人）、然も得入（悟る）すと雖も、未だ真と為さず。百尺竿頭に須く歩を進め、十方世界（世俗）に全身を現ずべし」

意訳すると、

「悟りの境地に達した者は、どうやってその先へ行くのか」

「悟った者はさらに一歩を進め、世俗に身を投じ、泥にまみれて悟りに磨きをかけなければならない」

となる。

「百尺竿頭」とは、秋山氏が言うように長い棹の先端という意味で、「悟り」を喩えたものだ。つまり「悟り」は目指す頂点であり、その先はないにもかかわらず、そこに達して留まることを執着とする。

すなわち、悟りの境地に在り続けることは悟りではない——というパラドックスになり、このことを石霜和尚は、

「一尺ずつ棹を上っていって頂点に達すれば、その先へはどうやって上っていくのか」

という喩えで問うているわけだ。

これに対して、長沙和尚は「世俗の泥にまみれ、さらに悟りを磨け」と答える。悟りの境地に達したならば、そこへ留まることなく、再び世俗へもどって悟りを磨け——と教えるのだ。

「つまり、初心に還れということだね」

と、秋山氏は語った。

「私は組織の長になった。若い衆もたくさんいる。自分で言うのも何だけど、ヤクザ

として〝百尺竿頭〟のてっぺんに上ったわけだ。だけど、そこでエラそうな顔してふんぞり返っていたのでは、そこいらのハンパ者と変わらないんじゃないか――そんな思いがしたんだね。親分がハンパ者じゃ、組の将来もない。このとき誓ったんだ。『百尺竿頭に須く歩を進め、十方世界に全身を現ずべし』――一介のヤクザとして、もういっぺん修行しようってね」

生前、秋山氏からこの話を聞いたとき、私は、でき過ぎた話だと思った。博識で知られる秋山氏のことだ。禅を持ち出して、知識のひけらかしをしているのではないか、と勘ぐりもした。

だが、〝経済ヤクザ〟を否定し、侠客であろうとする真摯な生き方を見ていると、秋山氏の言葉を素直に受け取るようになった。少なくとも、この名句が秋山氏の人生に影響を与えたことは確かだろうと納得した。手探りの日々のなかで、名句の一節に魂がゆさぶられるのは、ヤクザも私たちも同じなのである。

人生を切り拓くのは、辛抱の一語につきる

最下鈍（さいげどん）の者も、十二年を経れば必ず一験（いっけん）を得（う）
——最澄（さいちょう）

ある年の暮れのことだった。

夕刻、待ち合わせた某ホテルのラウンジに行くと、Ｆ組の奥田正弘組員（仮名）が先に来ていて、携帯で話していた。ラウンジは携帯電話禁止だったが、そんなことはお構いなし。ふんぞり返り、大声でしゃべっていた。

──赤坂の例の物件だけどな、十五億まで下げるって売り主が言ってきたんだ。買付証明出せるか？　わからない？　バカヤロー、おめぇじゃ話にならねぇ。〝根っこ〟（買い手）を連れて来い。わかったな！

噛みつくように言って携帯を切ると、

「久しぶり」

私に笑顔を見せてから、

「ビールだ！」

ボーイを怒鳴りつけた。

短髪に金縁メガネ、グレーの高級スーツを着て、左腕には金ムクのロレックス。三十代半ばの中堅組員だが、この外見（ナリ）と態度、そして携帯電話の会話を聞けば、まさかフトコロがピーピーしていようなど、思いもよらないだろう。

「どう、最近？」

挨拶代わりに、私が水を向ける。

「いいわけないじゃないの」

「今年は五千万ほど握るんだって、正月に張り切ってたじゃない」

「それを言わないでよ」

一気に飲み干すと、手酌でグラスにビールを満たした。

リッチなヤクザは、私たちが想像するほどには多くない。ベンツに乗り、高級クラブで札ビラを切るヤクザがいる一方、日々の金に追われているヤクザも少なくない。いや、大半の若い衆がそうだと言ってもいいだろう。なぜなら私たち一般市民は、収入が少なく不遇の時代は支出を切り詰め、爪に火を灯すようにして凌いでいけばいいが、ヤクザはそうはいかない。

燻ったら終わりなのだ。

弱肉強食の世界で落ち目と見れば、誰も相手にしなくなる。見栄に投ずる金は、いわばヤクザにとって〝必要経費〟なのだ。フトコロがピーピーするのも当然だろう。だが、稼ぎの厳しい組員を見ていると、〝必要経費〟の増大ばかりではなく、ヤクザ固有の精神構造に気づく。

根気に乏しいのだ。

ある街金関係者が言う。

「石にかじりついてでも取り立てる——なんてヤクザは、めったにいるもんじゃないね。ガツンと恫喝（カマ）して、それで取れなければ放っぽり出しちまうのさ。理由は二つ。いい兄ィが、〝金返せ〟なんて、いつまでもしつこくやってられないってことと、そういう地道な労働は彼らには向かないってこと。考えてごらんよ。額に汗して働くような人間は、そもそもヤクザにゃならないんだ」

ヤクザは、一瞬に勝負を賭ける百メートルランナーであって、辛抱と努力のマラソンは無理。走れないのではなく、走らないのだ——と、この街金関係者は解説してくれた。

そう言えば、この奥田組員にも、取り立ての依頼は結構あったように聞いている。暴対法によって指定暴力団の債権取立は違法とされるが、飲食店のツケから小口の融資まで、ヤクザの出番は少なくないのだ。

私は言った。

「取り立てをきっちりやれば、そこそこの収入（シノギ）になるんじゃないの？」

「そうだけど、かったるくて、そんなのダラダラやってらんないよ」

「でも、稼ぐなら辛抱第一。地道に小金を貯めることだよ」

度胸があり、組織の金看板があれば、あとは根気だけではないか——私はそう言ったが、奥田組員は鼻で笑うばかりであった。

それからしばらくして、奥田組員が傷害と恐喝事件で逮捕され、懲役へ行ったという噂を耳にした。さらに一年余が過ぎ、出所してきたからと言って、奥田組員から電話があり、いつもの某ホテルラウンジで会った。

顔つきが変わっていた。

「このご時世だ。ヤクザも、これまでのようにはいかないってことがわかったよ」

奥田組員が言った。一攫千金ばかり狙っていたのでは結局、ひもじい思いをすることを悟ったのだと真顔で言う。

「大振りしてホームランを狙うより、コツコツとヒットでつなげて得点していくのが賢いヤクザさ。向谷さんが〝辛抱第一〟って言った意味がよくわかったよ」

と笑った。

どうしてそんな心境になったのか、不思議に思って訊いてみると、郷里の母親が差し入れてくれた最澄（さいちょう）の本がきっかけだったと言う。実家は天台宗某寺の檀家で、母親が熱心な信者であった。その本のなかの一句――「最下鈍（さいげどん）の者も、十二年を経れば必ず一験（いっけん）を得（う）」という言葉に惹かれたのだと、奥田組員は諳（そら）んじてみせ、解説をもしてくれたのだった。

私は帰宅して、改めて天台宗開祖である最澄の言葉を調べてみた。

この句は、最澄が比叡山に籠もって修行を積んだときの体験から、人生の要諦を喝破したものであることがわかった。最下鈍——すなわち「どんなに愚かで才能のない人間であっても、ひとつのことを十二年続けていれば、必ず一つは秀でるものをつかむことができる」という意味で、継続こそ力である、と説く。

ちなみに「最下鈍」は最澄自身のことで、「愚中の極愚、狂中の極狂、塵禿の有情、底下の最澄」と自らを評し、「私のような最下鈍の者であっても、一つことを十二年も続ければ一験を得ることができた」とする。比叡山に籠もって修行したのが、十九歳から三十一歳まで。この修行年数が十二年というわけである。

「この世界、ふた言目には〝辛抱、辛抱〟と言うけど、オレの辛抱なんて、その場しのぎの辛抱だったってことが身にしみてわかったんだ。どうせ死ぬまでヤクザをやるんだ。小金で結構。地道にコツコツやっていくさ」

奥田組員は自分に言い聞かせるように語ったのだった。

刑務所に入ったヤクザが、名僧の一句で人生観が変わるなど、でき過ぎた話だと思うかもしれない。

かつて、私もそう思っていた。

だが、ヤクザに訊けば、命を懸けた日々から隔離され、刑務所という特殊な環境に身を置くと、否応なく人生を考えるという。来し方を振り返り、これからも続くであろう修羅場に思いを馳せるとき、ヤクザは己の人生と対峙する。名僧の一句に触れることで、これまで全力疾走のなかで見落としてきた何かに、ふと気づくのだと、懲役経験者の多くは口をそろえる。

課題は、刑務所で得た〝気づき〟が、娑婆（しゃば）にもどっていつまで保持できるか、ということだ。奥田組員が、生き方を変えた最澄の名をいつまで口にするだろうか。「最下鈍の者も、十二年を経れば、必ず一験を得」――。まさに最澄のこの教えを十二年間守り続けることができれば、奥田組員はヤクザとして一験を得ることができるはずだ。

そして、我々の人生もまた、切り拓くのは辛抱の一語なのである。

秋に収穫したければ、春に種を播け

春の種を下（くだ）さずんば、秋の実いかに獲（え）ん——空海

伸びる人間と、そうでない人間は、どこが違うか。

「素直であること。この一語につきます」

と語るのは、大手商社人事部の木村文明課長（仮名）だ。

「たとえば商談でミスをしたとします。当然、上司は叱責しますが、それに対して部

下がどういう受け答えをするか。ここでわかるのです」

素直でない部下は、「すみません」と頭を下げてから、「でも」「しかし」――という言葉が続くという。

「すみません。でも、あれ以上の値引きはできませんし」

「すみません。しかし、クライアントの要求はちょっと無茶ですよ」

こんな調子だと木村課長は言う。

「要するに『自分は悪くない』と言外に言っているんです。これでは伸びない。なぜなら『成長する』とは、叱責を謙虚に受け止め、自分のいたらなさを克服することを言うからです。『自分は悪くない』と居直っている人間が伸びないのは、当然でしょう」

返事は常に「はい」の一語。この素直さを〝見どころ〟と言い、「引き上げてやろう」と上司が手を差し伸べたくなる、というのが木村課長の結論だった。

ヤクザも同じだ。

いや、弱肉強食のヤクザ社会において素直でいることは、カタギほど容易くはない。素直でいるより、ケツを掻き（そそのかし）、足を引っ張るほうが手っ取り早いからである。

そんなヤクザ社会で評判の若い衆がいる。

通称、サブちゃん。二十二歳。広域組織三次団体所属。盃を下ろされて、わずか半年という駆け出しだが、「あのコは伸びるよ」と、水商売関係者にすこぶる好評なのだ。

「ねぇ、サブちゃん、いいコいないかしら」

「わかりました」

ママに頼まれれば、あらゆるツテをたよって、ホステスを探す。

「サブちゃん、ウチのホストが売上を持って逃亡(ズラ)したんだけど、探す方法ないかな?」

「わかりました。当たってみます」

サブちゃんは、どんな雑用でも、頼まれれば嫌な顔ひとつせず、常に「わかりました」と快活な返事で、しかも誠心誠意つくす。うまくいかなかったときは言い訳せず、自分の器量のなさを詫びる。この素直さが「あのコはいいねぇ」と評判を呼んでいるのだ。

私は、ある人の紹介でサブちゃんに会った。背が高く、茶髪のイケメンだが、目の配りはさすがにヤクザである。

「ずいぶん評判だね」

と水を向けると、

「二十代に種を播けって、田中社長に言われたんスよ。三十代に実がなるぞってね」

田中忠寛社長（仮名）は、一介のボーイから飲食店グループをつくりあげた立志伝の人で、「秋に収穫したければ、春に種を播け」というのが口癖なのだと、サブちゃんが笑って、

「ほら、『播かぬ種は生えぬ』って諺があるじゃないスか。社長から言われたとき、その諺を思い出したんスよ。そう言えば中学のとき、先生がそんなこと言っていたなってね。中学のときは『バカ言ってら、当たり前じゃん』と笑っちゃったけど、よく考えてみれば、そのとおりだもんね。よっしゃ――と思ったわけ」

ヤクザが種を播くとは、「水商売関係者に可愛がられることだ」と、この社長はアドバイスした。水商売の世界で可愛がられ、信用を得れば、酒の仕入れから取り立て、ミカジメ料、トラブル解決……等々、いろんなシノギにつながっていくというわけである。

「だからオレ、何を頼まれても、嫌な顔はしないス」

と、サブちゃんは言うのだった。

田中社長と私は面識はないが、

「秋に収穫したければ、春に種を播け」

という田中社長の言葉こそ、空海の「春の種を下さずんば、秋の実いかに獲ん」に違いあるまい。

空海のこの言葉が本来、意味するのは、「凡夫も賢聖に斉しからん」というものだ。凡夫（人間）はすべて仏性を持っており、それが触発されて賢聖になる、という教えだ。言い換えれば、いくら仏性があろうとも、触発されなければ愚かなままでいるということになる。ここで言う「触発」が、すなわち「種を播く」ということであり、転じて、

「いい結果を求めるなら、しかるべき努力をせよ」

という意味になる。

「秋に収穫したければ、春に種を播け」

という田中社長の言葉は、志のない人間には当たり前すぎて鼻で笑うことだろう。

だが私たち凡夫は、この自明の理に気づかず、春に種を播かずして秋の収穫を心待ちにする。愚かも極みではないか。

田中社長を媒介とし、空海の一句によってサブちゃんが〝人生の処し方〟に目覚めたとしたら、それは、サブちゃんの心が素直であったからだ。素直であるがゆえに、〝当たり前のこと〟が実践できているのだと、私は思った。

「素直であること。この一語につきます」――大手商社人事部の木村課長が語った言葉は、まさにそのことを言っているのではなかろうか。ヤクザもビジネスマンも、伸びる人間の資質は同じなのである。

うまくいかないのが人生と悟れば、どんな窮地に立っても肚が据わる

昨は富みて、今貧し——源信

「うまくいかないのが人生」

私が好んで使う言葉だ。

こうしたい、ああしたい、こうあって欲しい——という願望は、自分が勝手に思い描いているだけであって、人それぞれに思惑がある以上、そう都合よくいくわけがな

い。うまくいかないのが当たり前で、首尾よく事が運べば、それは僥倖なのだ。

機会あるごとに、私はそう説いているのだが、「私の言葉」ではありがたみが少ないだろうから、源信の名句――「昨は富みて、今貧し」を持ち出して、

「日本において浄土教の礎を築いた源信上人も、かくのごとくおっしゃっているように、うまくいかないのが人生。都合よくいかないからといって悩むことはないんです」

と話すことにしている。

ちなみに、この句の前後は「事と願と違い、楽と苦と倶なり。富める者、いまだ必ずしも、寿ならず。寿なる者、未だ必ずしも富まず。或は昨は富みて、今貧しく、或は朝に生まれて、暮に死す」となっており、

「極楽浄土はどのような願いもかなう素晴らしい世界であるのに、この世は有為転変で思うにまかせぬ苦の世界である」

と説く。

つまり、「うまくいかないのが人生だ」と、源信上人もおっしゃっているというわけである。

で、某年某日のこと。

H組幹部の原田健司氏（仮名）と、都心ホテルのティールームで待ち合わせたときのことだ。原田氏は、いつになく生気のない顔で現れた。

「どうかしたの？」

「ウチの若い者がヘタ打って、その責任（ケツ）を取らされることになったんだ。ツイてねぇよ」

ついこの間、しかるべき役職に抜擢され、将来を嘱望されていた原田氏だが、今度の一件でヒラに格下げされたのだと言う。

原田氏は、私がウラ社会の取材をするに際して、知人の紹介で知り合ったが、何となく気が合って、その後もたまに会ってお茶を飲んだりしていた。

「また、一から上っていかなきゃなんねぇのかと思うと、いやになっちまうぜ」

しきりにボヤくので、

「昨日（きのう）は富みて、今日（きょう）貧し――」

と、源信の言葉を引いて、

「うまくいかないのが人生。気を取り直して頑張るしかないね」

ヤクザを励ますというのも妙な話だが、これまで取材で世話になったこともあって、私がそう言うと、

「気安く言ってくれるじゃねぇか。なんでぇ、その源信てぇな」

不機嫌な顔を見せた。

「親鸞聖人が、浄土教を日本に伝え広めた僧として〝七高僧〟を選んでいるんだけど、源信上人はその一人でね。インドの龍樹菩薩、世親菩薩から始まって中国の曇鸞大師、道綽禅師、善導大師、日本に渡って源信上人、源空上人……」

「わかったよ、もういいよ」

手を振って、

「だから、どうしろってんだ」

能書きばかり言いやがって、説法なんてクソの役にも立たねぇじゃねぇか——顔にそう書いてあった。

即物的というのか、法話や仏教名句の解説に対して「だからどうしろってんだ」と開き直る人間は希だ。多くの人は、それぞれの立場において仏教名句を理解し、人生の糧とする。すなわち「どうするか」は人によって異なり、どうするかを自ら決める

助けとして、背中をポンと後ろから押してくれるのが仏教名句であり、だからこそ時代や立場を超えて普遍性を持つのだ。

仏教名句は、気づくことに意味がある。自分を深く省みることなく、「どうしろってんだ」と居直るのは、作用に対して反作用で切り返すというヤクザ的発想と言えようか。

本来なら、浄土教の思想から説き起こし、有為転変たる現世の苦について話すのが順序だが、いま落ち込んでいる原田氏に極楽浄土の話などをしても、怒らせるだけだろう。

で、私はこう言った。

「うまくいかないのが人生であると悟れば、どんなヤバイ事態に陥っても泰然自若としていられるってこと。つまり、肚が据わるということだね。肚が据わっていれば、人生勝負、結局は勝つってことじゃないかな」

「フーム」

「肚が据わるには喪失体験をし、修羅場をくぐるしかないんだね。喪失体験というのは、家族との死別や別離、さらに病気や失職など、〝失う〟という悲しい体験のこと。

修羅場は承知のように、命と人生を懸けた勝負だね。この二つの体験を重ねることで、うまくいかないのが人生であることを悟る。不運に見舞われたときは、嘆いたり、不満を抱いたりするのではなく、現実を甘受し、捲土重来を期するしかないことが、体験としてわかってくる──これが〝肚の据わり〟と言うんだね」

「なるほどな」

原田氏の表情がなごんだ。

「つまり、オタオタしてねぇで、これも経験だと、どっしり構えていろってことかい？」

「うん。今度の降格で人生が終わったわけじゃない。勝負はこれから。人生レースはまだまだ道半ばじゃないの」

「わかった。一からやってみるぜ」

伝票をつかんで立ち上がると、

「実を言うとカタギになろうかと思ってたんだ。仲間が土建屋をやってて、前々からいっしょにやろうって声かけてくれていたんでね。短気を起こすところだったぜ。悪かったな、気をつかわせて」

大股でレジに向かった。

ヤクザを励ましたわけではない。源信の教えを話して聞かせた相手が、たまたまヤクザであったに過ぎない。そして原田氏は、源信の一句によって、自ら人生を決めたのだ。

その選択が正解であったかどうか、私にはわからない。ただ、原田氏は人生の岐路において名句に触れ、歩んでいく道を選び取ったのであった。

教える者、教わる者の呼吸が一体となったときこそ物事は成就する

啐啄之機（そったくのき）――『碧巌録（へきがんろく）』より

千葉にある私の空手道場に、「啐啄」と墨痕鮮やかに大書された額が掲げてある。縦九十センチ、横百八十センチ。道場の一隅を仕事部屋にしているため、仕事の打ち合わせは道場に来ていただくのだが、初めて訪れる人は必ずと言っていいほど、この大額の前に立ち止まって仰ぎ見る。

「何と読むんですか？」

「啐啄です」

私は言って、意味の概要を説明する。

この言葉は雛鳥が孵化するときの様子を述べたもので、雛鳥が卵の殻を破ろうと内側から嘴でコツコツと突っつき、親鳥がその機に呼応する。内側から突っつくことを「啐」、外からのそれを「啄」と言い、両者の嘴の動きがピタリと一致したときに、殻が破れて新しい生命が誕生する——そんな説明をして、

「教える者、教わる者の呼吸が一体不離になったときに成就する、といった意味で、師弟の機微を言ったものです」

すると、人それぞれ思うところがあるのだろう。言葉には出さないが、大きく頷く人が多い。

余談になるが、この「啐啄」という書は、書家の藤原堯春先生からいただいたものだ。かつて私がギャンブラーを主人公とした劇画の原作を手がけ、啐啄について書いたところ、藤原先生が「劇画を見て驚きました。私が初めて読売展に入選したときの書が『啐啄』で、この言葉には思い入れがあるんです。よければ、どうぞ」と言って

くだったものだ。以来、指導における座右の銘とし、道場に掲げているというわけである。

それはさておき、某年某月のことだ。A組に籍を置く渡辺健司君（仮名）が、千葉まで来たからといって、私の道場に立ち寄った。二十代前半。まだ準構（準構成員）で、いわば〝見習いヤクザ〟である。

「どう、調子は？」

挨拶がわりに水を向けると、

「どうもこうもないスよ。これ、見てください」

渡辺君が、赤黒く腫れ上がった額を指さして、

「本部長に灰皿投げられたんスよ」

と、溜息まじりにこぼし始める。

新人ヤクザが徹底的に仕込まれるのが、電話の応対である。

着信音が鳴ると同時に受話器を取り上げ、

――A組本部！

嚙みつくような声で出る。

――ハッ、本部長は出ておりますが、どちらさんでしょうか！

キビキビとした応対ができるまで三ヶ月から半年かかる。電話の応対で、若い衆のしつけがわかるとあって、怒声と鉄拳で徹底的に仕込まれるのだ。

で、先日のこと。

――A組本部！　ハッ、本部長ですね！　少々、お待ちください。

通話口を手で覆いながら、

「本部長、××金融の○○さんからです！」

と、取り次いだところが、

「バッキャロ！　勝手に取り次ぐんじゃねえ！」

あとで灰皿が飛んできたのだと言う。

場面を読む難しさは、電話の応対だけではない。

たとえば、幹部がポケットをまさぐる。

「どうぞ！」

さっと、ライターの火をつけて差し出す。このタイミングが早すぎると、幹部は若い衆に心を見透かされたような不快な気分になって、

「バカ野郎！　煙草じゃねぇよ！」

反対に、タイミングが遅れると、

「バカ野郎！　ボケッとしてんじゃねぇ！」

　これまた怒声である。

　酒席で頻繁に酌をすると、

「バカ野郎！　鬱陶しいじゃねぇか」

　酌をしないと、

「バカ野郎！　どこ見てやがる」

　毎日、怒鳴られてばっかりで、嫌になると、渡辺君はしきりにボヤくのである。誰かに話を聞いて欲しくて、たまたま私のところに寄ったのだろう。さんざんこぼしてから、渡辺君が腰を上げ、仕事部屋から道場に出たところで、額に目を留めた。

「あれ、なんて書いてあるんスか」

「啐啄」

「そったく？　なんスか、それ？」

「禅の言葉でね――」

私が説明すると、渡辺君はしばらく考えていたが、

「要するに、早くなく遅くなく、タイミングが大事ってことスね」

「うん。阿吽の呼吸ってやつだね。兄貴や幹部に対しても、〝啐啄の機〟で接するといいんじゃない」

私が思いつきで言うと、

「わかりました！　啐啄っスね！」

感ずるところがあったのだろう。来たときとはうって変わって、意気揚々と東京へ帰って行った。

渡辺君とは、それから二年ほど没交渉だった。住む世界も違い、正直言って彼のことも忘れていたのだが、ある日、突然、電話がかかってきて、

「ご無沙汰っス。〝啐啄〟のおかげで、今度、組長の運転手になりました」

と弾む声で言った。

啐啄という言葉で、渡辺君が道場に来たときのことを思い出した。組長付きの運転手は出世コースだ。これに抜擢されたということは、どうやら〝啐啄の機〟で、上の人間との関係がうまくいったということか。

渡辺君が続ける。

「卵の殻を思い浮かべるんスよ。雛鳥が嘴でコツコツ、親鳥が嘴でコツコツ。早くもなく、遅くもなく――そういう気持ちでいると、なぜかタイミングが合ってくるんですよ。不思議っスね」

何度も「不思議」という言葉を使っていた。

念じて「啐啄之機」が得られるものかどうか、私にはわからない。この一句によって渡辺君の生き方が変わったかどうかも、実のところよくわからない。ただ渡辺君は、この一句に触発され、この一句が腑に落ち、ヤクザ社会における人間関係の迷いを断ち切ることができたであろうことは、彼の言葉から推測できる。

（それほど仏教名句に力があるのか？）

道場の額を見ると、渡辺君を思い出すのである。

欲心こそが苦しみの根源である

極楽に行かんと思う心こそ、
地獄に落つる初めなりけり——夢窓疎石(むそうそせき)

いまから二十余年前、四代目継承をめぐって山口組が分裂し、新たに一和会が結成されたときのことだ。

日増しに緊張が高まるさなか、週刊誌記者だった私は情報収集のため、神戸の一和会幹部宅を訪ねた。この幹部はタニマチとして相撲界に深く関わっており、かつて週刊ポスト誌で大相撲八百長疑惑キャンペーンを張った当時、私が取材したのが縁で知り合った親分だった。組長宅は、ジュラルミンの盾を持った機動隊員が張りつき、厳戒態勢であったことをいまもよくおぼえている。

ひとしきり雑談し、辞去しようとすると、

「せっかく神戸来てもろたのに愛想なしやな。若いもんに案内させるよって、三宮でメシでも食うていってんか」

と親分が引き留めた。「身の危険もあって、わしは一緒に行けないが、ゆっくりしていってくれ」――そのようなことを言った。〝遠来の客〟を愛想なしで帰したとあってはメンツにかかわる、と考えるのが彼らの価値観だ。固辞も過ぎると気分を害するもので、私は言葉に甘えることにした。

このとき案内してくれた若い衆の顔と名前を、私はいまも忘れない。黒崎祐司組員（仮名）。三十前後の、小柄で、角刈りにメガネを掛けた細面の若い衆だったが、身のこなしが俊敏で、火の出るような気迫を全身から発していた。

「週刊誌の仕事、面白（おもろ）いでっか？」

食事のあと、流れたクラブで、黒崎組員が気をつかって話題を振ってきた。

「面白いですよ、他誌に抜かれさえしなければ。ヨーイドンで取材して、うまくいかないときは発売日が怖いですよ。ライバル誌に抜かれていたらどうしようって」

「楽違うんやね」

「そりゃ、仕事となれば厳しいですよ。でもね、あるとき、ふと思ったんですよ。発売日までは、抜かれたかどうかわからないんだから、心配するだけ損じゃないのか、ってね。明日のことを今日心配し、明日は明後日のことを心配する。そして明後日は明々後日のことを心配し、明々後日は……。エンドレスで、死ぬまで〝明日〟のことを心配して生きていくなんて、そんな人生、まっぴらじゃないですか」

酔いにまかせて、そんな話をした。

「今日は今日、ちゅうわけか。ええこと言うね」

「私が言ったんじゃなくて、坊さんが言ってるんですよ」

「坊さん？　誰やねん」

「ええっと……誰だったっけな。たしか禅宗の偉い坊さんだったと思いますが」

曖昧に答えてお茶を濁したが、

「誰が言うたか、わかりまへんか？」

黒崎組員は執拗だった。

「そりゃ、調べればわかりますが」

「頼(たの)んますわ」

「わかりました。東京に帰ったら、調べて電話します」

「ポケベル打ってもらえまっか？　いまこんな状態やよって、事務所の電話はつながらん思うんで」

まだ携帯のない時代で、黒崎組員は早口でポケベルの番号を告げたのだった。それから一、二軒ほどまわって別れ、私は翌朝、帰京した。

編集部に寄ってから帰宅した私は、仏教名句の解説本を書棚から引っ張り出してページを繰った。この本に限らず、興味のある箇所はページの耳を折ることにしている。

あった。

「極楽に行かんと思う心こそ、地獄に落つる初めなりけり」

夢窓疎石(むそうそせき)――。室町時代、臨済宗の禅僧で、

「極楽に行きたいと、来世のことまでも願う心が、現世の苦しみになる」

と教えている。人間の欲には際限がなく、来世のことにまで欲を搔いているとして、

「欲心こそが苦しみの根源である」と諭したものだ。

これを私は、

「明日を思い悩むな」

と解釈したのだ。

なぜなら死後――すなわち「明日」という不確かなものに心を煩わせる根源こそ、「欲」にほかならないと考えるからである。だから私は「エンドレスで、死ぬまで〝明日〟のことを心配して生きていくなんて、そんな人生、まっぴらじゃないですか」と、黒崎組員に語ったのだった。

私はポケベルを打った。

折り返すように電話が鳴って受話器を取る。

――黒崎だす。

ヤクザ特有の、低く、しかし凜として威圧するような声だった。

「昨夜はどうも。で、例の坊さんの言葉ですけど」

私は解説文を要約して読み聞かせてから、

「だから、明日のことなんか考えないで、今日をどう生きるかが大事だってことを夢窓疎石は言っているんでしょう。未来を思い煩わなくとも、〝今日〟という日が素晴らしければ、その集合体の〝人生〟が素晴らしくなるのは当然のことですから」

——極楽のことなんか考えるな、でっか……。

一瞬の沈黙があって、

——今度の〝戦争〟は、極道にとって生涯一度のチャンスや思うてます。わし、やりますよ。名前、おぼえておいてください。おおきに。

一方的に告げて、黒崎組員は電話を切った。

周知のように、山口組VS一和会の抗争は山口組が制圧し、一和会は散った。黒崎祐司という名前は、ついぞ、見ることも聞くこともなかった。生きているのか、死んでいるのか、武勲を立てたのか、あるいは……。

「極楽」という言葉に接するたびに、

「わし、やりますよ」

そう言い切った黒崎組員の言葉が、二十余年が経ったいまも耳に蘇るのである。

第三章　目先の快楽や利益はまやかしと知れ

ありのままに堂々と生きることこそ素晴らしい

独り大雄峰に坐す——百丈

（携帯のない世界へ行きてぇな）

N組中堅組員の吉野正樹氏（仮名）は、ふとそんな思いにとらわれた。深夜の電話はもめ事に決まっているが、シカトはできない。電話に出なくても、不在着信の表示が残る以上、折り返し電話をかけなければならないからだ。結果、〝道具〟を持って盛り場へ走ることになる。

　これまでのところ、発砲にまで至ってないが、日本有数のヤクザ激戦区とあって、一触即発の状態であることに変わりがない。殺(や)れば気の遠くなるような懲役、殺られれば一巻の終わり。どっちに転んでも、三十代半ばで人生は終わる。残った女房と幼(おさな)子(ご)は……。携帯電話が鳴るたびに、心臓が早鐘を打ち、血圧がハネ上がるような気がした。「携帯のない世界」とは、現状からの逃避——すなわちカタギに対する憧憬と言っていいだろう。他組織とトラブルが頻発し、吉野組員の神経はささくれ立っていた。

　ヤクザであることに嫌気が差し始めると、ヤクザ社会の矛盾に否応なく目がいく。親分が絶対であり、親分が白と言えば、黒いものでも白くなる。〝子〟が〝親〟のために身体を懸けて当然とされる。実力社会と言いながら、世渡り上手の若い衆は、幹部に取り入り、どんどん引き上げてもらう。親分に目をかけられでもすれば、出世は鶴の一声だ。

　さらに、ヤクザ社会の規範は「筋」という言葉で表現され、

「今度の一件、お宅が責任(ケツ)持つのが筋だろう」

「冗談じゃない。お宅に言われること自体が筋違いだぜ」

と筋論を振りかざして応酬するが、「筋」は理屈や論理、法律を超えたところに存在し、とどのつまりは力関係がものを言う。

逆説的に言えば、矛盾や疑念、理不尽なことを丸ごと腹に呑み込んで生きてこそ、ヤクザであることに懐疑しながら渡世できるほど、この社会は甘くはないからだ。

ヤクザなのだ。この割り切りができなくなったら、足を洗ってカタギになるしかない。

吉野氏はカタギになり、知人が経営する土建業を手伝った。朝から夕方まで、額に汗して働くことは思った以上に大変だったが、何よりつらいのは、皮肉にも、ヤクザでなくなったという、そのこと自体であった。

「てめぇ、席を詰めろ」

居酒屋で、作業服を着た茶髪の若い職人に、肩を小突かれたのだ。

「このガキ、オレを誰だと思ってやがる」

「なんだと！　てめぇが何様だってんだ！」

「N組の――」

と〝看板〟を出せば、若造は土下座するだろうが、もはや〝現役〟ではない。足を洗った人間が、元いた組織を名乗ることはヤクザ社会では御法度。組織からケジメを取られてしまう。

　吉野氏は言葉に詰まった。

「なに黙ってやがる！　表へ出ろ！」

　若造が顎を突き出して怒鳴った。

　屈辱で身体が震えた。

（オレが〝現役〟だったら……）

　足を洗ったことを、このときほど後悔したことはなかった。

　代紋を背負って闊歩していたヤクザが、〝ナメられる〟という屈辱に耐えるのは、容易ではない。吉野氏は鬱屈した日々を過ごし、飲めば女房に当たった。

　そんなある日のこと。土建組合でＫ温泉へ一泊旅行することになった。吉野氏は背中に刺青もあって気乗りしなかったが、人数が少ないからと、経営者たる知人に頼まれ、仕方なく参加した。

　旅館に着いた日は宴会、翌日がゴルフコンペという日程だったが、ゴルフをやらない吉野氏は旅館に残った。午後、小腹が空いたので外へ出て、蕎麦屋に入った。掛け軸に目が留まった。「独坐大雄峰」とある。書には不案内で、読み方も意味もわからなかったが、筆太で勇壮な筆致に吉野氏は魅入られた。いや、「独坐」という孤独感と、「大雄峰」という壮大な光景のアンバランスさに惹かれたのだ。

吉野氏が店の古老に意味を問うと、

「独り大雄峰に坐す」

と読み方を教えてくれ、

「意味は、いまこうして生きていること——つまり、ありのままに堂々として生きることこそ素晴らしい、といったことですかね」

と言って、次のような解説をしてくれた。

中国唐代でのこと。ある僧が百丈禅師に問うた。「如何なるか是れ奇特の事」——「この世のなかで、何がいちばんありがたいことでしょうか」と質問したところ、百丈は「独り大雄峰に坐す」と答えた。大雄峰というのは、百丈が住んでいた山のことで、

「いま自分は、こうして大雄峰で独り座禅をしている。ありのままに生き、生きているということ自体が素晴らしいのだ。こんなありがたいことが他にあろうか」

と諭したのである。

「こんなこと言うと、でき過ぎた話だと思うかもしれないけど」

と、吉野氏が言う。

「店の親爺からこの話を聞いたとき、憑きものがスーッと落ちていくような気がしたね。もちろん、ありのままに生きることが素晴らしいったって、オレ、百丈禅師じゃないからね。そんな心境になれっこないけど、自分の意志でカタギになったんだから、ナメられて当たり前。それでいいんだって言い聞かせたとき、気持ちが楽になったんだ」

元ヤクザが、肩で風切って歩いた昔の自分を吹っ切るというのは、私たちの社会で言えば、過去の〝栄光〟との決別を意味する。たとえば、一流会社へ勤めていた人間が、リストラに遭って零細企業に転じたとき、「いま生きていることが素晴らしい」と思えるかどうか……。富める者が無一文になってなお、いま生きている日々をありがたいと思えるだろうか。

百丈が喝破するがごとく、人生が「いま」を肯定するところから始まるとすれば、日々に不満はない。境遇を嘆くこともない。幸せな人生とは、こういうことを言うのではないだろうか。吉野氏の話を聞きながら、元ヤクザの生き方を変えた「独り大雄峰に坐す」という名句は、そう諭しているように、私は思うのだった。

自分の目と耳で確かめたものしか信じてはならない

冷暖は我自ら量る、奴(ど)の唇皮(しんぴ)を信ぜず——寒山(かんざん)

ある年の夏、知人に誘われて、海の家に遊びに行ったときのことだ。紹介された経営者の中島伸一郎氏（仮名）は、地元F組の幹部で、七分の長袖シャツを着ていた。刺青が入っているのだろう。それでなくてもパンチパーマの険しい顔は、近寄りがたい雰囲気がある。長袖シャツは、刺青が見えたのでは営業上、マイナスになると考えてのことに違いない。ちょうど昼時とあって、バイトらしき五、六名の若者たちが大忙しで働いていた。

「小一時間ほどしたら一段落するんで、これでビールでも飲ってってください」

イカの姿焼きと冷たいビールを小上がりのテーブルに置いてから、中島氏は陣頭指揮にもどった。遠来の客の手前、ヤクザの見栄からすれば、私たちに同席して鷹揚に構えるものだが、そうはしないところをみると、ヤクザにしてはしっかり者なのだろう。

客足が切れたところで、

「さあ、いまのうちにメシにしてくれ」

中島氏がバイトたちに声をかけてから、自分も昼食の牛丼を手に取ると、何と立ったまま、急いでかっこみ始めたのである。バイトたちは中島氏に倣って、これまた立ったまま急いで食べ始めたのだった。

夜、案内されたスナックで、このときのことを中島氏に訊くと、

「そうですよ。経営者のオレが立って喰ってるのに、バイトが座れるわけがない」

と言って笑った。

これがもし、「立ったまま食べろ」と中島氏が命令したのではバイトたちは不満を抱く。

（メシくらいゆっくり喰わせろよ）

そう思うだろう。

ところが、経営者が何も言わず、バイトが自分たちの意志で立ったまま食べたとなれば、不満は残らない。「座って、ゆっくりメシを喰われたのでは時間の無駄だ」——中島氏はそう言うのだ。地方都市の、海水浴場を縄張りに持つヤクザにとって海の家は、重要なシノギなのである。

そんな、はしっこい中島氏は、徹底して現実主義者である。

「オレはね、誰が何と言おうと、この目で見たことと、この耳で聞いたこと以外は信じないんですよ」

と真顔で言い、そうなったのには理由があるのだと、こんな経験談を語ってくれた。

中島氏がまだ中堅組員だった当時、所属するF組が隣町のX会とモメたときのことだ。劣勢のX会が広域組織傘下に入るというウワサが駆けめぐった。X会が広域組織の支部になれば、F組はひとたまりもない。若い衆は動揺し、〝戦後〟を見越してX

会に気脈を通じる者が出るなど、優勢だった戦況は五分に押し返されたが、広域組織傘下に入るというウワサはデマと判明し、激しい抗争のすえF組がX会を寄り切った。

中島氏も長い懲役に行ったが、

「ウチの連中がウワサに惑わされなければ、もっと楽に勝ってたのにね。懲役行ったのも多いし、半身不随で人生を棒に振ったのもいる。バカな話ですよ。何て雑誌だか名前は忘れたけど、このとき刑務所で読んだ雑誌に、禅の言葉だか何だかで、『熱いか、冷たいかは自分の手で確かめろ』って書いてあってね。そのとおりだと思ったんですよ。それから、人生観が変わったね。たとえ遅れを取ろうとも、オレは自分の目と耳しか信じないと肚をくくったんだ」

ヤクザが、自分の目と耳しか信じないというのは、かなり勇気のいることだ。なぜなら弱肉強食のヤクザ社会は、すべての組織が潜在的に交戦状態にあるからだ。だから北海道でトラブルが起これば、瞬時に沖縄まで情報が伝わる。情報の遅れは、場合によっては組の存亡をも左右することがあるのだ。

その〝情報〟に中島氏は背を向けたのだ。

いや、情報に振りまわされるリスクと、事実を見極めるための遅れを天秤にかけた結果、「自分の目と耳で確かめたものしか信じてはならない」という結論に達したのだと言う。このとき、中島氏の人生観を変えた禅語が何であったか何度も訊いたのだが、「熱いか、冷たいかは自分の手で確かめろ」という文言を繰り返すばかりであった。

この稿を書くにあたり、私は改めて調べてみたのだが、この禅語は中国唐代、天台山の奥深くに隠棲した寒山の言葉ではないだろうか。『寒山詩集』にいわく、「冷暖は我自ら量る、奴の唇皮を信ぜず」――すなわち「自分で確かめるまでは、人の口車に乗るな」と説いてある。氷の冷たさは、自分の手で触ってみて初めて理解できる。焼け火箸の熱さは握ってみて初めてわかる。「情報」や「ウワサ」もそれと同じということなのだ。

中島氏は当時、こんな言い方をした。

「情報社会って言や聞こえがいいけど、早い話がガセやヨタが飛び交っているってことじゃないですか。はっきりしない話だから〝情報〟って言うんでしょう？　株屋じゃあるめぇし、そんなものに振りまわされてどうするんですか」

世間の欺瞞に憤った寒山のことだ。いまの時代に生きていれば、中島氏と同じような口調で喝破したのではなかろうか。この稿を書きながら、ふと私はそんなことを思った。

自分は自分以外の何者でもないと悟ったときこそ道は開ける

少年、父を捨て他国へ奔る。
辛苦、虎を描いて猫も成らず
——良寛

僧侶でありながら経を読まず、説法もせず、生涯一寺の住職にもならなかったのが良寛である。

良寛は晩年、隠遁僧として郷里越後の山中に独居し、乞食行脚の生活を厳しく実践しつつ、平易な言葉を以て民衆にわかりやすく仏法を説いてまわった。人間を見つめる恩愛の眼差しと、財産、権威、権力、名誉の一切を求めぬ無欲恬淡な生き方は、いまだ衰えぬ良寛人気となっている。

良寛は一七五八（宝暦八）年、越後出雲崎（新潟県三島郡出雲崎町）で名主の長男として生まれる。本名は、栄蔵。十六歳で名主見習いになるが、二年後、十八歳で家業を投げだして出家する。出家の動機は、一説によると、漁民と代官との間に争いが起こり、栄蔵が調停に当たったがうまくいかず、名主業に嫌気がさして出奔した――とも言われるが、定かではない。

良寛は、父親の許しを得ないまま、隣町の曹洞宗光照寺で得度して「良寛」と名乗る。四年後、二十二歳のとき、参禅会で光照寺を訪れた国仙和尚に傾倒。国仙和尚が住職を務める円通寺（岡山県倉敷市）に移って十年余の厳しい座禅の修行を積み、印可を受ける。

そして印可を受けた翌年、師・国仙が示寂（高僧の死）すると、良寛は飄然と諸国行脚に旅立つのである。旅立ちの理由はわからない。足跡も、四国から九州まで廻国したとされるが、詳細は不明だ。やがて五年の行脚のあと、父の死を契機として郷里越後にもどり、隠遁僧として山中に独居する。

　このとき、自分の半生を振り返って詠んだのが、

「少年、父を捨て他国へ奔る。辛苦、虎を描いて猫も成らず。箇中の意志、人倘し問わば、只是れ従来の栄蔵生」

　という詩なのである。

　字面を追えば、

「親の反対を押し切って出家し、これまでずいぶんと苦労を重ねてきたが、結局、何も得るものはなかった。喩えて言えば、勇猛な虎を描こうとして、貧弱な猫にさえならなかったようなものだ。もし、いまの心境を問われれば、私は出家する前の栄蔵のままです、と答える」

　こんな意味になり、自嘲の響きを持つが、この詩から読み取るべきは、

「虎が猫にさえならなくてもいいではないか。出家する前の栄蔵でいいではないか。私は私なのだ」

　という達観の境地であり、親不孝も、これまでの苦しい修行もすべて、「変わらぬ自分」に気づくためのものであった――と良寛は言っているのだと私は読み解く。

　すなわち、「自己肯定」である。

実は、良寛のこの詩を引いて、「自己肯定」ということを、病床のヤクザに話して聞かせた知人がいる。古美術関係の仕事をしている中澤弘之氏（仮名）で、良寛の書に惹かれ、良寛の生き方に魅せられた一人である。

「高校時代の同級生が末期ガンで、余命半年と医者に言われましてね」

と、中澤氏が語る。

中澤氏も若いころはやんちゃをやった時代があり、同級生の柴田秀幸氏（仮名）が正式な組員になって以後も、つき合いは続いていた。ここしばらくは、柴田氏が体調を崩したということで疎遠になっていたが、入院したと聞いて見舞いに行ったのである。

病室の柴田氏は、痩せて骨と皮になっていたが、気づかう中澤氏を笑い飛ばして、

「バカ野郎。人間、早いか遅いかだけで、いっぺんは死ぬんだ。オレのことより、おめえが明日コロリ、なんてことだってあるんだぜ。人の心配なんかしてねぇで、てめえのことを心配しろよ」

「まったくだ」

中澤氏が笑い返すと、

「ただな、中澤」

　と、柴田氏がめずらしく顔を曇らせて、

「五十の声を聞いて、結局、オレはヤクザとして芽が出なかった。肩書きこそ副組長になっちゃいるが、古参だからそうなっているだけで、オレは組を持つことができなかった。親を泣かし、弟と妹に迷惑をかけながら……。一端の大親分になってみせるって、大見得を切った結果がこれじゃ、オレは浮かばれねぇよ」

　死ぬのはいい、だが芽が出ないまま人生を終えることが悔しい――そう言って、柴田氏は涙をにじませたという。

「このとき、ふと思って、良寛の詩を話してやったんだ。あの良寛ですら、必死で修行を積んできたけど、結局、何にも変わらず、もとの自分のままだったって。つまり――」

　と中澤氏は続けた。

「こうしたい、ああしたい、社長になりたい、親分になりたいって、人間はいろんな夢や希望を抱く。オレだって、古美術商として名をなしたいし、成功もしたいよ。でもな、その夢や目標が叶えられなかったからと言って、その人生は後悔すべきものだろうか？　違う、と良寛はこの詩で諭しているんだとオレは思う。この世に自分が存在したということ自体が素晴らしいんだ。組を持つとか、美術商で成功するとか、それは自分で勝手に掻いた欲じゃないか」

　自分が勝手に欲を掻いておいて、その欲ゆえに後悔するのは愚かではないか――中澤氏はそんな話をしてから、

「おまえはヤクザとして一所懸命に生きてきた。それでいいんだ。おまえの人生は、それで正解だったんだ」

「オレの人生は、これでよかったと言うのか？」

「良寛が言っているんだ。オレじゃない」

「そうか、良寛か……」

　意が通じたかどうかはわからないが、柴田氏は小さく頷いたという。

　欲は際限なく広がっていく。一つを手に入れれば二つ、二つを手に入れれば三つ、三つを手に入れれば……。欲は、夜空に見上げる星のようなもので、絶対に手が届くことはない。届かないものを取ろうとすれば、残るのは失望だけなのである。

「箇中（こちゅう）の意志、人倫（も）し問わば、只是（ただこ）れ従来（じゅうらい）の栄蔵生（えいぞうせい）」――「何をどうしたところで、

結局、私は私なのだ」ということに気づけ、と良寛は教えているのではないだろうか。私が私であり、私以外、何者でもあり得ないと悟ったとき、人生に正解も不正解もないことが実感としてわかるのだ。

柴田氏は半年を待たずして亡くなった。

「そうだ、オレの人生は間違っていなかったんだ」

亡くなる間際まで、繰り返しそうつぶやいていたと、奥さんが臨終の枕元で中澤氏に語ったという。

柴田氏は良寛の言葉によって、これまで「負(ふ)」と捉えていた「人生そのもの」を、「正」に変えて往生したのである。

成果を得るためには、目標以上の高い志を抱け

少年一丈の堀を超えんと思わん人は、
一丈五尺を超えんと励むべし
——法然

法然上人は、念仏による極楽往生を説いた浄土宗の開祖で、私が僧籍を置く浄土真宗はこの系譜に連なる。それだけに、私にとって法然上人は身近な存在で、その教えはすんなりと腑に落ちてくる。法然上人はこの句に続けて「往生を期せん人は、決定の信をとりて相励むべきなり」と説き、念仏によって信心を深めることの大切さを教

えるのだが、私はこの教えをアレンジして、

「成果は、志を超えてはならない」

と、我が空手道場の会員たちにハッパをかけるのだ。

すなわち、

（あっ、ラッキー！）

という勝利は、単に志が低かっただけのことであって、ラッキーでも何でもない。志が高ければ、成果は常にあと一歩及ばざるものであり、その一歩を詰めようと努力することが稽古だ——と檄を飛ばすわけである。

空手に限らず、「志というハードルの高さをどう設定するかによって器量が決まる」というのが私の人間観で、機会あるごとにこのことを口にするのだが、数年前、酒席で、駆け出しの若い衆にこの話をしたことがある。ヤミ金融と企業舎弟の関係について、旧知のU組幹部・川田一郎氏（仮名）に取材したおり、〝付き人〟としてそばに控えていた若者だ。いま振り返れば、ヤクザに志を高く持てと説教するのも乱暴な話だが、酔いと、法話の真似ごとがしたくて、そうなったのである。

「ヤクザになったからには、一家名乗りしなくちゃね」

私が言うと、

「無理っスよ」

若い衆の一ノ瀬浩司君（仮名）が頭を搔く。

「ずいぶん遠慮深いね。ヤクザは〝出る杭〟になり、上からガンガン打たれるようになって一人前だよ」

「ハァ。でも、自分は何とか一人前にシノギできるようになればいいと思ってますんで」

「だったら、なおさらじゃないか。かの法然上人が、こんなことをおっしゃってるんだ」

私は得意になって、「一丈の堀を超えんと思わん人は、一丈五尺を超えんと励むべし」の一節を諳んじてから、

「男の器は、志の高さで決まるんだよ」

と〝説教〟をしたところが、

「ホウネン？　なんスか、それ」

「法然上人は浄土宗の開祖で、親鸞聖人の……」

「向谷さん、こいつにそんな話をしても無理ですよ」

川田氏がさえぎり、苦笑したものだった。

一ノ瀬組員は二十代半ば。元暴走族で、二年ほど〝見習い期間〟を経て、ついこのあいだ親分から盃を下ろされたのだという。ヤクザになる若者の多くは見栄っ張りで、自己顕示欲が強く、本人は遠慮しているつもりでも言葉の端々にその片鱗が現れるものだが、一ノ瀬組員にはそれが感じられなかった。無欲というのとはちょっと違う。要するに、志が低いのである。ヤクザとしての面構えもよく、押し出しも備わっていて、根性入れて自分を磨けば光るだろうに、惜しいことだと、そのとき思ったものだった。

それから一ヶ月ほどした夕刻のこと。U組が縄張りにする盛り場で、私は一ノ瀬組員にバッタリ出会った。

「よかった！　会いたかったんスよ」

一ノ瀬組員が急き込んで言った。私の電話番号を知らず、さりとて川田氏に聞けば、「テメエが何の用があるんだ！」——怒鳴りつけられるのがヤクザ社会だ。それでどうしたものか、考え込んでいたのだと言った。

「何か用だったのかい？」

「ほら、この間、おっしゃってた坊さんの話があるじゃないスか。ホウネンとか何とかって……堀を跳び越えるときはどうとかって話をしてくれたじゃないスか。あれ、もういっぺん教えてくださいよ」

あとで川田氏から聞いて私は知るのだが、一ノ瀬組員は、いまいちピリリとしないということで、この川田幹部に気合を入れられたのだ。弱肉強食のヤクザ社会で、親分という頂点に立つには、絶壁に爪を立ててよじ登っていくしかない。その原動力は志――すなわち歯を食いしばり、「いまに見てろ」と自分を奮い立たせるしかないのだ。そして、組織力とは、組員個々が奮起する総合力のことを言う。だから志が低く、ピリリとしない一ノ瀬組員に、ビンタの気合が入るのは当然だったろう。

「いいか、この世界、誰もがてっぺんに立てるとは限らねぇが、てっぺんを目指さねぇ野郎が立つことは絶対にねぇんだ。わかったか！」

気合を入れられたあとで、川田兄ィからそう言われたのだと、一ノ瀬組員は私に語った。

私は喫茶店に誘い、一ノ瀬組員に法然上人の言葉について、次のように話した。

「一丈の堀を超えんと思わん人は、一丈五尺を超えんと励むべし」とは、一丈――約三メートルの堀を跳び越えたいとするなら、その一・五倍の一丈五尺が跳べるよう努力しなければならない。一丈が跳べるようになったからといって、いざ実際に堀を跳び越えようとしたら落ちてしまう。

「言い換えれば――」

と、ここからは私の解釈を交えて、

「一丈五尺という目標を掲げて初めて一丈が跳べる。二丈という目標を掲げて一丈五尺が跳べる。親分になる、という志をもって幹部になれる。ヤクザ界に名を知られる大親分になりたいと念じて初めて並みの親分になれる。法然上人ならキミにそう諭すだろうね」

いや、法然上人なら「足を洗え」と言うはずだ――と思いながら、私は手帳を破ると、法然の一句を書きつけ、読み仮名を振って渡したのだった。

一ノ瀬組員が、この話をどこまで理解したかわからない。頭でわかったとしても、そう簡単に生き方が変わるわけがないだろう。齢を重ね、経験という甲羅（こうら）を経れば、誰もが「志」の持つ意味を実感として思い知らされるのだが、時すでに遅し。多くの人は、人生という〝手駒〟をすでに使い切ったあとになるというわけだ。

それから一ヶ月ほどが過ぎた師走のことだった。

――ウチの一ノ瀬に会ってくれたんだってね。

川田幹部から久しぶりの電話がかかってきた。

――何だか知らねぇけど、一ノ瀬の野郎、堀を跳ぶときはナントカだって、わけのわかんないことを言って張り切ってるよ。

と、電話の向こうで笑っていた。

一ノ瀬組員がどんな志を抱いたのか、私にはわからない。ただ、川田氏の口調から、一ノ瀬組員がヤクザとして生きていこうと、改めて決意したということは察せられた。ヤクザとして生きることの是非は別として、若者が志を抱き、よじ登ろうと、絶壁に爪を立てたのだ。私は若者の前途に、無事を思わないわけにはいかなかった。

自己の内にある無限の可能性は、自身では気づかない

内衣の裏に無価の宝珠有ることを覚らず
——『法華経』より

内衣というのは、衣服の内側のことで、
「自分が、まさにいま着ている衣服の内側に、無限の価値ある宝物があることに気がつかない」
という意味だが、この教えを私たちの生活のなかで読み解くならば、

「自分の長所に気がつかないでいるため、遠まわりをして苦しんでいる」

ということになる。

ちなみに法華経は『妙法蓮華経』という仏教経典のことで、サンスクリット語で書かれた原典を漢訳したものだ。全八巻二十八品（章）からなり、内容は、お釈迦様が永遠に不滅であることと、永遠の幸せに至る道が示されている。

さて、こんな例はどうか。

D会の野島眞一組員（仮名）は、まもなく三十歳を迎える。大成するかどうか、これから正念場だが、私が見たところ、野島組員はヤクザには向かない。なるほど、見た目は角刈りのコワモテで、ケンカ早いし、度胸もある。傷害事件で懲役の経験もある。

だが、人がいいのだ。

カタギでいう人のよさとは違う。

ニュアンスが難しいのだが、体内を流れる血が温かいのだ。「甘さがある」と言い換えてもいい。たとえば、ひとたび抗争になれば親兄弟でも殺るのが当然とされるが、野島組員にそれができるだろうか？　親兄弟どころか、顔見知りであるというだけで躊躇するだろう。ヤクザとして大成できるかどうかは、土壇場でどれだけ冷酷になれるか――。これをヤクザ社会では「血が違う」という言い方をしたりするが、野島組員は、まさしくヤクザとは〝血が違う〟のである。

その一方で、野島組員は〝顎（弁）が立つ〟。掛け合いともなれば、たとえ自分に非があろうとも、詭弁と屁理屈で相手を追い込んでいく。

「そら、お宅の言い分や。言い分だったら三歳児にだってありまんがな。せやから、お互い、ヨーイドンで角突き合わせたんじゃ、まとまる話もまとまらしまへんがな。それとも、この話、お宅が壊しにかかってるゆうんやったら別や。まとめるのか壊すのんか、どっちでんねん」

掛け合いの席で「壊すのか」と正面切って訊かれれば、イエスとは答えにくいもので、「まとめる」と返事させておいて、条件交渉に持ち込むというわけである。

これらの資質から見て、野島組員はヤクザよりヤミ金に向いていると、D会の企業舎弟である田久保俊一氏（仮名）は思った。

「野島、盃返して、ゼニいじる気ないか？」

「わいに金融やれ言わはるんでっか」

「せや。肩揺すって歩いたかて、しゃないやないか。ゼニ握ったもんが勝ちやでぇ」

「そら、そうでっけど……」

「ええか、野島。ものには向き不向きっちゅうもんがあるんや。サラブレッドがなんぼ脚が速いゆうたかて畑仕事は役立たへんし、駄馬がレースやったら脚の骨折って、たちまち〝桜肉〟や。鳥かてそうや。ウグイスとおんなじ鳥の仲間やからゆうて、カラス鳴かしても耳障りなだけや。人間もそれと同じやで」

「わいが、極道には向かへん言うんでっか」

　気色ばむ野島組員に、

「そんな顔するんやない。人間、伸びるかどうかは、人様のアドバイスを素直に聞くかどうかで決まるんや。なんでかわかるか？　自分が持っとる才能や資質に、自分では気がつかへんからや」

　葛藤の末、野島組員は田久保氏の仲立ちで代紋を外し、ヤミ金融業に転身した。田久保氏が見抜いたとおり、野島氏はコワモテと〝顎〟で、たちまち頭角を現していったのである。

　この話を、私は当の田久保氏から聞いた。田久保氏は熱心な日蓮宗の信者で、法華

経にくわしく、「内衣（ないえ）の裏に無価（むげ）の宝珠（ほうじゅ）有ることを覚（さと）らず」という一節を口にして、

「好きこそものの上手なれ、ちゅう諺は、好き嫌いのことやのうて、自分に合（お）うたことをやれ言うことやと、わしは思うてまんねん。せやけど、自分に合うてるもの——つまり〝宝珠〟は内衣に隠れとるさかい、自分ではわからん。人様が服をめくってくれ、『ほら、ここに宝珠があるやんか』と教えてくれて初めて気がつくんやね」

と、そんな解説をしてくれた。

私は田久保氏の話を聞きながら、

（カラオケと同じだな）

と思った。

たとえば、下手なド演歌に陶酔している人が、ポップスを歌わせるとすごくうまいことがある。つまり自分が好きな曲と、その人の音質や雰囲気に合った曲は違う場合があるということなのだ。仕事における才能も同じで、自分の〝宝珠〟がいったいどこにあるのか、いま一度、期待を込めて探してみるのも一興だろう。新たな、そして思いもかけない〝宝珠〟が見つかるかもしれないのだ。

成功は、数えきれぬ失敗から成り立つ

いまの一当(いっとう)は、むかしの百不当(ひゃくふとう)のちからなり、
百不当の一老(いちろう)なり
——道元

元暴走族の葉山裕樹君（仮名）が、右翼団体Ｏ塾に入った。

ひと口に右翼団体と言っても、純粋に政治運動を展開している団体から憂国の任侠系、さらに恐喝を目的とした〝エセ右翼〟など玉石混淆(ぎょくせきこんこう)で、Ｏ塾は〝エセ〟だったが、そんなことは傍目(はため)からはわからない。特攻服で街宣車に乗り込み、大音量で軍艦マー

チを流しながら走れば、赤信号だってイケイケで、

「そりゃ、気分いいっスよ」

　と、二十一歳になった葉山君は笑いながら、

「ヤクザは義理だ筋だって、うるさいじゃないスか。それに、抗争になれば身体が懸かっちゃうし、ヤバイっスよ」

　しかも、〝エセ〟とはいえ、O塾が掲げる御旗は「正義」と「天誅」。ヤクザが代紋を振りかざして会社に乗りこめば、すぐさま恐喝事件にされてしまうが、政治団体が「正義」を盾に、企業のモラルやコンプライアンス（法令遵守）を衝いてくれば、事件にしにくいという側面もある。

　O塾の狙いもここにある。川島安信塾長（仮名）は元総会屋で、いまはC組の企業舎弟になっていることから、O塾は、いわばC組の別働隊と言っていいだろう。C組の大野四郎組長（仮名）は経済ヤクザとして頭角を現した若手で、ミカジメ（用心棒代）や債権取立など、他組織とぶつかるシノギは、新興組織のC組には不利と見て企業恐喝に特化。企業舎弟の川島氏と連携して、右翼団体を創設したものだった。

　で、某日。

葉山君たちが街宣車三台を連ね、某社へ街宣をかけたときのことだ。葉山君は張り切りすぎたか、街宣車から降りて行って会社の入口のドアを蹴飛ばしたところ、ガラスが割れてしまったのだ。葉山君も驚いたが、会社側はもっと驚いた。身の危険を感じ、会社側が警察に通報、葉山君は器物損壊罪で現行犯逮捕されてしまったのである。川島塾長も使用者責任ということで警察に引っ張られ、某社に対する恐喝は失敗に終わった。

一段落したところで、葉山君は大野組長に呼ばれた。ヤキが入る。半殺しにされるかもしれない。このまま逃亡（ズラ）しようかと思ったが、ヤクザから逃げおおせるものではない。

（ヤキはしようがない。そのかわり、これでO塾をやめよう）

と決心し、葉山君は膝を振るわせながらC組事務所へ〝出頭〟したところが、

「いい経験をしたな」

ソファにどっかりと座った大野組長が、鷹揚に笑って、

「難しい顔してねぇで、座れや」

と顎をしゃくったのである。

予想外の応対に戸惑いながらも、葉山君の緊張は解けない。笑ったあとで形相一変、灰皿が飛んでくるのがヤクザ社会である。どう返事していいかわからず、直立不動のまま身体を硬くして視線を足下に落としていた。

「おまえな、この意味を知ってるか」

と、背後の壁に掛けられた額に視線を投げて言った。額は墨痕で「百不当一老」とある。

「い、いえ……」

「これはな、曹洞宗を開いた道元の言葉で、いまの一当（いっとう）は、むかしの百不当（ひゃくふとう）のちからなり、百不当の一老（いちろう）なり、と読むんだ」

「……」

「おまえには、ちょいと難しいかもしれねぇが、禅の修行の在り方を弓矢に喩えたものだ。名人が矢を的に当てると、さすがだ、と言って人は誉めるが、いまこうして的中させることができたのは、それまで失敗した百回があるからで、百回の失敗は一当と同じ価値がある、と道元は言ってるんだ。つまり――」

大野組長は息を継いで、

「一端(いっぱし)の男になるためには、うんと失敗しろってことだ。期待してるぜ」

こう言って、再び鷹揚に笑ったのである。

これに葉山君は感激した。ヤキを入れるどころか、「うんと失敗しろ」と励ましてくれているのだ。

（こんな親分がいるだろうか……）

葉山君は壁の「百不当一老」の額を睨みつけるように見やってから、

「組長！　自分は死んだ気になって頑張ります！」

感極まるように忠誠を誓ったのである。

大野組長は、内心ではしてやったりの気分だったろう。実を言うと、〝陰のオーナー〟として、たまには若い連中を訓示し、存在感を示す必要があると考えていた。

〝エセ〟とは言え、右翼団体の看板を掲げている以上は、たとえば吉田松陰の「かくすれば　かくなるものと知りながら　止むに止まれぬ大和魂」といった歌などを例にあげて、男の生き方、使命感を説くつもりでいたが、それでは新鮮味に欠けるだろうと大野組長は思い直した。

「吉田松陰のこの歌はな――」

と説いても、若い者は何となく意味がわかっていて、耳の穴を左から右。誰も本気で聞かないとなれば、訓辞の意味がないし、尊敬もされない。それを考えれば、むしろ何のことか意味がわからない名句を持ち出して、「実は――」とやって〝目から鱗〟の気分にさせたほうがいいだろう。そう考えて、名句を収録した本をめくっているうちに「百不当一老」という一句が目に留まったという次第。

当の大野組長が言う。

「何で、この句を選んだかと言うと、若い者を萎縮させないためですよ。失敗してもいいんだ、大いに失敗しろ――と言ってやったら、イケイケでやれるじゃないですか。怖がられて、ナンボですから。ただ、あたしが若い者に〝うんと失敗しろ〟と言っても感激は薄いんでね。道元という高僧も言ってるんだ――という権威づけが大事なんですよ」

仏教名句は、それを引用する人間が邪な気持ちを抱いていようとも、目にし、耳にすれば、人間は魂を揺さぶられ、結果として手玉に取られてしまうということか。名句の力というものを、私がいまさらながら感じた一例である。

何のために生きるか。目先の快楽や利益はまやかしと知れ

生まれ生まれ生まれ生まれて生(せい)の始めに暗く、死に死に死に死んで死の終わりに冥(くら)し
——空海

真言宗開祖・空海の言葉だ。

「私たちは迷いの世界で生死(しょうじ)を繰り返しているというが、その生の持つ意味も、死の持つ意味も知らないでいる。生死の意味に目覚めようとしなければ、それは愚かな繰り返しに過ぎない」

という意味で、「人生の意味がわからないで生き、わからないまま死んでいくのは無為な一生ではないか」――と空海は説く。

「まっ、要するに人間は、享楽を貪（むさぼ）ることで死への恐怖を忘れようとしておると、お大師様（空海）はおっしゃっているわけじゃ」

真言宗A寺住職の源真和尚（仮名）が一献酌み交わしながら、私にそんな話をしてくれたことがある。二十余年前――私が週刊誌記者を辞め、仲間と編集企画会社を設立したころのことで、私はA寺の案内パンフや会報、イベント企画などを手がけていた。

源真和尚の出家は四十歳と遅く、在家時代は土建業を経営。米軍基地建設のため、作業員を引き連れて戦火の東南アジアへ渡ったという型破りな僧だ。当時、まだ若かった私のことを気に入ってくれ、酒を酌み交わしては、天下国家から人間の生死（しょうじ）まで、時にカラオケで渋い喉を聞かせながら説いてくれた。机上（きじょう）の空論と違って、人生の酸いも甘いも噛み分けた〝人生の達人〟の話だけに、その一言半句に私は引き込まれたものだった。やがて源真和尚はガンに侵され、某月刊誌で同時進行ドキュメントの連載を開始し、そのお手伝いをしたりもするのだが、結局、ガンを克服すること叶わず、六十歳の若さで故人となられた。

その源真和尚が、

「法事で、ひと悶着あってのう」

と、愉快そうに笑ったことがある。某年某日、イベントの打ち合わせで私が寺務所に出向いたときのことで、和尚は渋茶をひと口すすって、顚末(てんまつ)を語り始めた。

法要をすませてから、和尚は「生まれ生まれ生まれ生まれて生(せい)の始めに暗く、死に死に死に死んで死の終わりに冥(くら)し」という空海の言葉を引きながら、説法をしたのだそうだ。

「人間は誰でも死ぬ。鶴や亀じゃあるまいし、千年も万年も生きるわけがない。八十、九十まで生きれば御の字じゃろう。ところが、〝死ぬ〟という、この当たり前のことをみんなは無意識に恐れておる。だから、目先の快楽や利益を追い求め、そうすることで『わしもよう頑張っとるやないか』と、さも有意義な人生を送っているような錯覚を抱く。ヤクザといっしょやな」

と、ここまで話したときだった。

「こらッ、くそ坊主！」

参列者から怒声が飛んできたのである。

「ヤクザといっしょとは､何てこと言いやがる！　ヤクザをナメたら承知しねぇぞ！」

角刈りの、ひと目でソノ筋の人間とわかる三十代半ばの男が、顔を朱に染めて仁王立ちになった。親類縁者の手前、ヤクザの悪口を言われて、立つ瀬がなかったのだろう。目を剝いて睨みつけたが、源真和尚のほうが一枚上手だった。

「法事に大きな声が許されるのは、読経だけじゃ。おまえさん、張り切るのは別の機会にしてはどうかの。来週は寺にずっとおるゆえ、ゆるりと話しに来るがよかろう」

そう言っていなしたのだという。「奔流──すなわち人間の怒りは、堰き止めようとせず、川筋をつけて勢いを削ぐのが最上じゃ」と和尚は笑ってから、

「そのヤクザから、今日の午前中に電話があってのう。昼過ぎに来ると言っておったから、おっつけ見えるじゃろう。ついでに会っていけ」

私にそう言ったのである。さして気乗りもしなかったが、断る理由もなく、私は和尚といっしょに渋茶をすすって待っていた。

寺務所の前にベンツが停まって、角刈りの男が険しい顔で寺務所に入ってくると、鋭い視線で私を見やった。

「彼はウチの人間でな、向谷さんと言うんじゃ」

ここに座っていて当然、といった口調で源真和尚が言って、男の名前を問うた。

男は某組の門倉（仮名）と名乗ってから、

「和尚、目先の快楽や利益を追い求めるのがヤクザかい？」

前置きなしで言った。

「違うかの？」

「オレは任侠道を歩いている」

「うむ」

和尚が頷いて、

「むろん清貧に甘んじ、任侠道を貫く立派なヤクザもいる。おまえさんも、それだけの自負があるなら、そうじゃろう。ならば、何でベンツに乗っておるんじゃ？　何で金ピカの腕時計をしておるんじゃ？　何で、ダイヤのカフスをしておるんじゃ？」

「……」

「もし、それを成功の証（あかし）とするなら、おまえさんが言う任侠は金持ちになることかの？」

「なんでぇ、ベンツだカフスだって。そんなものは取るに足らねぇことだろ。カタギだって、カッコつけてるじゃねぇか。だけどな、オレたちゃ商人じゃねぇんだ。男を売って生きてるんだ」

苛立たしそうに言った。

このとき私はふと、門倉氏は何しにここへ来たのだろうか、という思いがよぎった。法事での説法にインネンをつけに来たものと思っていたが、そうではないようだ。インネンであれば謝罪を求めるだろうに、それがないからである。しかも、相当に苛立っている。私は門倉氏の真意がつかめぬまま、黙って成り行きを見守った。

「わしはな――」

何か感ずるものでもあるのか、和尚が飄々とした表情で言う。

「人間、誰しも大義名分を持って生きていると思うておる。ヤクザなら、いま言った任侠じゃな。親分のため、組のために身体を懸ける――なんてセリフもあるわな。サラリーマンなら、出世だ、生き甲斐だ、夢の自己実現だ、と言いよる。カミさん連中なら、子供のため、夫のため、最近では女としての人生のため、なんてことも言うとるそうじゃ。だけどな――」

和尚は言葉を切ると、湯呑みを口に運んでから、

「みんなまやかしじゃ。何のために生きているか——逆説的に言えば、必ず死ぬということから目をそらすために大義名分を掲げ、それに没頭しておるんじゃな。そして、大義名分を具現化する象徴が、金品や快楽、地位、名誉といったものになる」

そう言ってから、「目先の快楽や利益を追い求め、そうすることで『わしもよう頑張っとるやないか』と、さも有意義な人生を送っているような錯覚を抱く」と、法事の説法をリフレインしてみせた。

門倉氏は、しばらく沈黙してから、

「錯覚、ですか」

ポツリと言った。

「自分に対する偽り、ごまかしの人生と言うてもよい」

「ごまかしの人生……。和尚さん、法事でおっしゃってた空海の言葉、もういっぺん教えてくれますか」

態度も言葉遣いも一変させて言った。

「うむ」

和尚は頷いて机に座ると、筆を執って、

「生生生生暗生始　死死死死冥死終」

と半紙に書きつけ、

「生まれ生まれ生まれ生まれて生（せい）の始めに暗く、死に死に死に死んで死の終わりに冥（くら）し」

と、読んで聞かせてから手渡した。

「ありがとうございました」

門倉氏は頭を下げると、財布からお札をひとつかみ取り出して、「お布施です」とテーブルに置いて帰って行った。

いつもの私であれば、ここで和尚に軽口の一つも叩くのだが、門倉氏はヤクザとして何か重大な決意をしたような、そんな重い空気を感じて、言葉が出なかったことを、いまもよく覚えている。門倉氏がヤクザの足を洗ってカタギになったという話を源真和尚から聞くのは、それから半年ほど経ってからのことだった。

門倉氏が、空海のこの一句に何を感じたか、私にはわからない。どんな壁にぶつかっていたかも知らない。このとき一度、会ったきりの私には、門倉氏がどういう人かもわからない。

ただ、いま当時を振り返ってみて、

（もし門倉氏が空海のこの一句に出合わなければ、果たして足を洗ってカタギになったろうか）

そんな思いがよぎるのである。

第四章　苦悩や悲しみをいつまでも引きずるな

心の目を働かせ、自分の欠点を見極めよ

人の悪きことは、よくよく見ゆるなり、我が身の悪きことは覚えざるものなりし――蓮如

T組幹部の園崎英二郎氏（仮名）が、女房と義母につき合って、浄土真宗F寺にお参りしたときのことだ。

法座で、年老いた住職がこんな法話をした。

「『蓮如上人御一代記聞書』のなかに『人の悪きことは、よくよく見ゆるなり、我が

身の悪きことは覚えざるものなり』というのがありましてな。なるほど他人の欠点はよく目につくが、これが自分の欠点となると、なかなか気づかないもんじゃ。ならば、どうして他人の欠点はよく気がつくか、わかりますかの？」

一同を見まわして、

「それはですな、人間の五感がすべて外に向いておるからじゃ。五感というのは、見る・聞く・話す・触れる・味わう――の五つじゃが、見てのとおり、目も、耳も、口も、手も、舌も、み～んな体外の刺激を感知するようにできておって、自分という内面を知る器官はひとつもないんですな」

『蓮如上人御一代記聞書』とは、蓮如上人の没後に弟子たちが師の言動をまとめたもので、浄土真宗の教義や歴史を知るうえで重要な書物だ。園崎氏は末席で聞いていて、まったくだ、と納得しつつ、

（こんな言葉に納得するようじゃ、オレもヤキがまわってきたかな）

と苦笑した。

なぜなら、「自分の欠点」は棚に上げておいて、「他人の欠点」に攻め込むのがヤクザの〝習い性〟であるからだ。身勝手というよりも、角を突き合わせてシノギするヤ

クザ社会にあって、「自分の欠点」に目がいくようなヤワな人間は、たちまち突き殺されてしまうということなのである。

義父の月命日にあたるこの日、たまには女房の顔も立ててやろうと、気まぐれでつき合ったに過ぎなかったが、初老の住職の巧みな法話に、園崎氏はいつのまにか引き込まれていた。

「そこのあんた――」

と園崎さんの顔を見ながら、住職が続ける。

「自分の目で、自分の顔が見えるかの?」

「いや」

園崎氏が短く答える。

「そうですな。どんな立派な目を持っておっても、自分の顔さえ見ることはできないで、他人の顔ばっかり眺めておる。これじゃ、他人の欠点がよう見えて、自分の欠点に気づかないのは道理というもの。だから蓮如上人は、〝心の目〟を働かせよ、とおっしゃっているわけですな」

園崎氏が小さく頷いた。問答無用の武闘派でやってきた自分の処し方に思い至ったのである。「手を引くかウチとドンパチやるのか、どっちだ！」――園崎氏はこれまで常にオール・オア・ナッシングで事を進めてきた。相手の思惑などいっさい無視して、力でねじ伏せるのだ。だから余分な力がいる。そして、その余分な力が軋轢を生じさせてしまうのである。

（バカげたことかもしれないな）

と園崎氏はそのとき思ったのである。

実は、園崎氏は三千万円の手形をめぐるトラブルを抱えていた。園崎氏が手形の裏書をした某不動産会社に追い込み（取り立て）をかけたところ、同社のケツ持ち（用心棒）であるD組が出てきてモメているのだ。手形が不渡りになり、園崎氏は「払え」と主張し、D組は「手形はパクられたものだ」と突っぱねていた。

たとえ詐取されたものであっても、手形の所有者である園崎氏は〝善意の第三者〟として、支払いを求める権利は保証されている。

「横やりを入れやがって、汚ねぇ連中だ」

というのが園崎氏の言い分だが、この日、法話を聞いて、「D組の目から、オレはどう見られているだろうか」と、ふと我が身を振り返ってみたのだった。

D組にしてみれば、

「どこで拾ったのか知らねぇが、紙屑になった手形じゃねぇか。そのケツ（責任）を持ってきやがって、とんでもねぇ」

そんな思いだろう。経緯は様々としても、手形がまわりまわってヤクザの手に転がり込むのは、よくあることなのだ。

D組がそんな思いでいる以上は平行線で、ゴリ押しすればドンパチになる。負けるとは思わないが、身内から懲役に行く人間も出るだろう。三千万円では間尺に合わない。要は自分のメンツが立って、金になればいいのだ。

園崎氏はD組と話し合いを持った。手形はパクったものであったが、園崎氏は、ウチの関係者が融資の担保に預かったもので、拾ったものではないことを諄々と説いた。

「D組が自分を見ている目」を意識してのことだ。こうして相手を納得させつつ、

「とは言え、お宅も出張った以上、立場があるでしょう」

とD組の顔を立て、半額の千五百万円で手打ちしたのだった。パクった手形が、千五百万円になったということである。ヤクザである以上、力ずくの交渉も必要だが、そんなことばかりやっていたのでは、いつか〝大ヤケド〟をするということに、園崎

氏は蓮如上人の言葉で気がついたのだった。

「ヤクザの器量ってのはね」

と、園崎氏が語る

「イケイケであることよりもむしろ、自分の欠点——すなわち、掛け値なしで、自分は相手にどう見られているのか、という目を持つことじゃないかと思ったんだね。だって、自分がどう見られているかを考えるなんて、嫌なもんでね。器量がなければできないじゃないですか」

気まぐれに女房と義母についてお寺に参ったこの日、自分はヤクザとしてひと皮剝けたのだと、園崎氏は笑うのだった。

罵りも怒りも
相手に与えた分だけ自分に返る

人を罵れば罵りを得(え)、怒りを施(ほどこ)せば怒りを得(う)――『法句経』より

「あの男を営業課長にしたのは、私のミスだったかもしれない……」

住宅リフォーム会社の渡辺和男常務（仮名）が、頭を抱えた。

役員会の反対を押し切って、〝営業の鬼〟と呼ばれる竹中浩光氏（仮名）を課長に抜擢したのだが、それが裏目に出たのだという。

「営業課の連中が〝直訴〟してきたんだ。竹中課長を何とかしてくれって言うんだけど、どうしたものか……」

酒豪で、飲めば陽気な渡辺常務が、この夜はグラスをテーブルに置いたまま、難しい顔で腕組みをしている。

竹中課長は〝営業の鬼〟と呼ばれるだけあって、成績の悪い部下には容赦ない。「飛び込み百件！」「契約が取れるまで帰ってくるな！」「やる気のないやつは会社を辞めちまえ！」——叱責を超えて、まさに罵詈雑言。激昂すると、ボールペンを投げつけたりもする。当初は狙いどおり、〝鬼〟の抜擢が的中して営業成績も伸びたが、三ヶ月後に横ばいとなり、半年が経った今月は、課長就任以前よりも下がってしまったのである。

「部下たちが竹中に嫌気がさしてきたからなんだけど、竹中だって悪気があって怒鳴っているわけじゃない。仕事熱心のあまりの勇み足となれば、頭ごなしに怒るわけにもいかないだろう。さりとて、放ってもおけないし……」

今夜、何度目かの溜息をついた。

「参考になるかどうかわからないけど」

と、私はH一家のことを思い浮かべながら言った。若頭の藤田辰夫氏（仮名）は、いまでこそH一家を背負って立つ〝扇の要〟に成長したが、若頭に就任した当初は、若い衆から総スカンを食ったことを思い出したからだ。竹中課長同様、特攻隊長時代は〝鬼〟と呼ばれ、先輩五人を飛び越しての若頭就任だった。

H一家の宇崎勇太郎組長（仮名）は、抜擢の理由について、

「いまの極道社会は、ゼニ儲けのうまい組がどんどん大きいなっていきよる。それは間違いや。極道は、極道としての線がピシッと一本通っとかなあかん」

と周囲にもらしたが、組関係者はもちろん、つき合いのある他組織の誰もがこの人事に目を剝いた。

「あの男に務まるのか？」

という驚きである。

「そら、確かにケンカは強いけど、ケンカ勝負は兵隊のするこっちゃ。兵隊に〝指揮官〟やらせたら、組はバラバラになってまうがな」

宇崎組長はボケたんとちゃうか――そんな陰口も叩かれたのである。

若頭という呼称は関西が発祥で、子分の筆頭を意味する。組長を親とすれば、長男

にあたり、最終決定権こそ親分にあるものの、組で采配を振るうのが若頭である。他組織とのつき合いから組運営、さらに抗争事件が起これば陣頭指揮を執る。まさに組における〝扇の要〟であり、組の命運は若頭の手腕にかかっていると言ってもよい。

それだけに、政治手腕が問われる。だが藤田氏は〝瞬間湯沸かし器〟にして直情径行。特攻隊長としては申し分ないが、若頭というのはちょっと違うだろう、というのが周囲の見方だった。喩えて言うなら、鬼軍曹が部隊長になったようなものなのだ。

実際、うまくいかなかった。

「こらッ、ボケ！　尻尾巻いて帰ってきてどないするんじゃ！」「グズクズ言うたら殺ったらんかい！」「警察がなんぼのもんなら！」――特攻隊長時代と同じ〝瞬間湯沸かし器〟で、若い衆を怒鳴りつけ、灰皿を飛ばすのだ。

若い衆の気持ちが次第に離れていき始めた。これに宇崎組長は頭を痛めた。若頭が求心力を失ってしまえば、組はバラバラになってしまう。さりとて藤田を更迭すれば、抜擢した自分に傷がつき、これも組の求心力に影響する。

思案の末、宇崎組長は、S寺の福田泰生住職（仮名）に藤田若頭と会っていただくことにした。ずいぶん前になるが、宇崎組長が組を継いだとき、福田住職から組長の心構えとして、「怒るな、罵るな」と諭されたことを思い出したからであった。宇崎組長はS寺の熱心な門徒で、福田住職に月参りをお願いしていた。

福田住職が自宅に月参りに見えた折、茶菓の席に藤田若頭を呼んで同席させた。

「住職、この藤田は、すぐに怒鳴りつけるさかい、若いもんの気持ちが離れていきよるんですわ」

茶飲み話を装って切り出した。

「ほほう」

福田住職は宇崎組長の意図を察してか、茶をひと口すると、

「で、何のために怒るんですかの？」

と、藤田若頭に静かに微笑んだ。

「そら、若いもんがヘタ打つからですわ」

「若頭（かしら）が叱りつけると、ヘタ打たんようになりますかの？」

「そら、ま……」

「とすると、若いもんがヘタ打たなくなるということは、だんだん怒る回数が減っていくことになりますのう」

「ですが、それがなかなか……」

「若頭、犬かて、怒れば言うことをききますがな。けど、怒られるから、しょうことなしにきいとるだけや。人間なら、腹のなかで不満が渦巻いとるはずや」

「……」

「怒鳴るのはスーッとして気分ええもんや。わしも、それはようわかる。けど、怒った人間は溜飲が下がるが、怒鳴られたほうは面白ない。盗人にも三分の理がある言うように、どんなヘタ打ったかて、『あれはしゃぁないんや、わしが悪いのとちゃう』――若い衆はそんな思いを持っておるもんじゃ。そこへ、『このボケ!』ゆうて怒ってみなはれ。腹のなかは『コンチクショー』や」

さらにひと口すすり、

「お釈迦さんがな、こんなこと言うてはるんや」

と言って、「人を罵れば罵りを得、怒りを施せば怒りを得」という一句を口にした。

「これは法句経の一節でな、罵れば相手は腹のなかで罵り返し、怒れば腹のなかで同じように怒る――という意味じゃ。つまり、罵ったり怒ったりしても、結局、くたびれ儲けで、若い衆は意のままにはならんと、お釈迦さんはおっしゃっとるわけじゃ」

と言って笑った。

「ほなら、住職。どうせえ言わはるんでっか」

藤田若頭が身を乗り出すようにして言った。

「若い衆を、あんたの手のひらに載せて、転がすことじゃ。ほれ、西遊記にあるじゃろう。暴れ者の孫悟空が、お釈迦さんの手のひらで踊らされた話が。あれとおんなじで、若頭のあんたがお釈迦さん、若い衆が猿。そう思うて事に当たることじゃ」

「わいがお釈迦さんでっか？」

「せや、あんたがお釈迦さんや。お釈迦さんが猿といっしょになって、ボケだのガキだのと怒ってたらあきまへんがな」

「なるほど、そういうことでっか」

あんたがお釈迦さん――この一語は、目からウロコが落ちる思いだった、と藤田若頭は後に福田住職に語るのだった。

「実はこのエピソードは、福田住職から聞いたんだ」

と、私は渡辺常務のグラスにビールを満たしながら、やがて藤田若頭は若い衆の人望を集め、文字どおり組の要になっていったのだ、と話を締めくくった。

「わかった。うまくいくかどうかわからないけど、私が知り合いの住職から聞いた話として、竹中課長に話してきかせるよ」

渡辺常務がこの夜、初めて笑った。

藤田若頭の生き方を変えた仏教名句を、渡辺常務が竹中課長にどう話したか、私は知らない。それから一ヶ月ほどたって、渡辺常務から電話があった。

――例の竹中課長だけど、いい若頭（かしら）になってきたよ。近いうち、一杯やろうよ。

弾む声で言った。

酒におぼれることなかれ

酒は人を怠けさせる。

酒におぼれる者には六つの禍(わざわい)がある――『長部経典(ちょうぶきょうてん)』より

ヤクザの朝は遅い。

用事がなければ起きるのは昼前後。たいてい二日酔いか徹マンで、吐き気をこらえながら一服。着替えをすませ、行きつけの喫茶店で時間外のモーニングを食べてから事務所に顔を出す。急ぎの用がなければそのまま事務所にいて、実話系雑誌をめくったり、バカ話をして過ごし、夕方になるとサウナへ。さっぱりしてから縄張り内を飲みにまわって、朝方帰宅――というのが、平時における中堅組員の一日である。

で、十年前の暮れのこと。

私が都内盛り場の喫茶店に入ると、

「よう、久しぶり」

奥の席で、ハデなジャケットを着た中年男が手を挙げた。広域組織三次団体の岩本正弘組員（仮名）だ。例によって時間外のモーニングを食べている。

「これから事務所？」

私が言う。

「うん。向谷さんは？」

「二時にここで待ち合わせなんだ」

「まだ時間あるじゃない。座ってよ」

ということで、私は腰を下ろした。

岩本組員は、おっちょこちょいなところがあって、茶飲み話に私が保護司を拝命したことを告げると、

「何をやらかしたのよ」

と目を丸くした。私が〝保護観察処分〟になったものと、勘違いしたのである。

そんな組員だけに憎めないところがあり、ヤクザに「マジメ」という形容はどうかとも思うが、覚醒剤や売春など、人様を泣かすシノギは、自ら御法度（ごはっと）の〝マジメなヤクザ〟だった。

ただ、酒癖がよくない。

飲めばケンカだ。

酔うと見境がなくなり、上部団体の役付（やくづき）に突っかかって大騒動になったこともある。いまやヤクザも健康志向で、ことに親分衆になると酒を飲まない人が少なくない。不健康であるばかりか、マチガイのもとというわけで、岩本組員のような〝酒乱派〟は時代に逆行していると言っていいだろう。

「組を構えるつもりなら、酒はやめたほうがいいんじゃない」

私が言うと、

「酒をやめて出世するなら、下戸（げこ）はみんな親分になっちゃうじゃないの」

「すぐそんなことを言う。だけどね、酒を飲んでマチガイを犯す人間はいても、飲まなかったからといってマチガイを犯す人間はいないよ」

「まっ、それは言えるね」

上部団体の役付に突っかかった一件を私が知っているので、戯(おど)けて笑うのだった。

その岩本組員が、何と酒をやめたのだ。

キッカケは、内縁の妻に酔って暴力を振るい、頭部を二十針も縫うという大ケガをさせたことだ。内縁の妻は、金に忙しい岩本組員のために、ホステスとして働きに出ていた。その女性の頭を椅子で強打したのだから、「酒を取るか、私を取るか」と迫ったのも当然だろう。

ところが、岩本組員も背中に刺青を背負(しょ)ったヤクザだ。

「バカ野郎！　男に意見する女がどこにいる！」

と灰皿を投げつけたのである。

これを伝え聞いた秋葉一造親分（仮名）が岩本組員を呼びつけ、酒をやめるよう諄々と諭した。いま思えば、この「諄々と諭した」というところが岩本組員にとっては幸いだったろう。

「やめろ！」

親分の一喝で酒はやめるだろう。

だが、得心はしない。本当は飲みたいのだが、親分の命令だから仕方なくやめるのだ。〝盗み酒〟もするだろう。酔って暴れれば親分も立場上、処分せざるを得なくなる。諄々と説いたということは、秋葉組長もきっと岩本組員が可愛かったのだろう。

「組長（おやじ）は難しい話が好きだからさ。どこで仕入れてくるんだか、仏教がどうだとか言ってさ。まいっちゃうよね。でもね、呑兵衛には六つの禍（わざわい）があるっていうんだけど、知ってるかい？」

と、これが意外にも得意になって、

「つまりさ、ゼニをなくす、ケンカする、病気になる、評判を落とす、スケベになる、そして頭が悪くなる——の六つなんだ。言われてみれば、もっともな話だと思わない？　上を目指す気があるなら酒をやめろって、組長に懇々と言われてさ。よし、やめちゃうかって決心したんだ。オレもこれからひと花咲かさなきゃね。酒飲んで暴れてる場合じゃないよ」

まさに、納得してやめたのだった。

秋葉組長が岩本組員を諭したという〝酒の六つの禍〟を調べてみると、インドの原始経典『長部経典』に出てくる次の一節であることがわかった。

「酒は人を怠けさせる。酒におぼれる者には六つの禍がある。財産が失われ、口論が増え、病気のもととなり、評判が悪くなり、性器をあらわす（などの恥知らずの行為をなし）、（ものを考える）知力がおとろえる」

なるほど、酒をかっくらって暴れているようでは、出世するのは難しいだろう。

平易なこの一文は、聞き流せば耳を抜けて心に留まることは少ないが、本気で聞き、本気でその意味するところを考えるなら、心にズシンと響くのだ。同じ文言を引用して私が説いたのであれば、岩本組員は聞き流したろうが、組長の口から出た言葉とあって、一言半句、心にしみこんだのだろう。

あれから十年。岩本氏はいま「組長」と呼ばれる立場に出世した。

表裏の美醜にとらわれることなく、日々恬淡と生きよ

うらを見せ、おもてを見せて、散るもみじ
——良寛

風に吹かれるでもなく、紅く色づいたもみじが裏を見せ、表を見せつしながら音もなく散ってゆく——。ガンに侵された良寛が、表裏の美醜を超えて静かに舞い落ちる「もみじ」に己(おのれ)の生死(しょうじ)を重ね合わせたものだ。

この歌は、良寛と永別の近いことを知った貞心尼が「いき死にの　さかひはなれて

すむ身にも　さらぬわかれの　あるぞかなしき」と詠んだ歌に応えたもので、

「そんなに悲しむことはない。生きている自分も、死ぬる自分も、同じ自分ではないか。それなのに、生を願って死を厭うのは人間の驕りというものだ。もみじを見るがいい。表を美とせず、裏を醜とせず、そんなことにはいっさい頓着しないで、はらはらと散っていくではないか」

そう諭すのである。

このことから転じて、

「内実を隠し、外に向かっては見栄という化粧をして見せる。見栄を張るぶんだけ苦しむとしたら、何とも愚かな人生ではないか。もみじのように、裏も表も見せて淡々と散るがごとく、〝すべてが自分である〟という強い自覚を持ち、背伸びすることなく、また卑下することなく、日々を恬淡と生きていくところに幸せがある」

と、私は読み解く。飄々としたイメージの良寛だが、発するメッセージは〝生き方〟の核心を衝いて、胸に突き刺さる。

良寛のこの句に接して、足を洗ったヤクザがいる。

いや、ヤクザの見栄に疑問を抱き、悩んでいた彼の背中を、良寛のこの句がトンと押したと言ったほうが正確だろう。尾形英治氏（仮名）――。G組の元中堅組員である。

キッカケは、夫婦喧嘩だった。

「ねぇ、水泳を習わせようと思うんだけど、どうかしら」

鏡に向かって外出の身繕いをしていると、カミさんが、六歳になる一人息子を水泳教室にやりたいと相談した。

「おう、いいんじゃねぇか」

息子に甘い尾形氏が二つ返事で言った。

「お金、ちょうだい。入会金が一万円で、月謝が八千円。それに、水着やバスタオルもいるし……」

「おまえが出しておけばいいだろう」

ネクタイを締めながら言う。

「ないわよ」

「三万の金がねぇのかよ」

「あるわけないでしょ！」

カミさんがキレた。

「家にお金入れないで、よくそんなことが言えるわね！　何よ、これ！」

テーブルに置いてあるクロコの財布を取り上げた。万札でパンパンにふくれている。

「バカ野郎、ヤクザにゃ、メンツってもんがあるんだ。ぺちゃんこの財布なんか、みっともなくて持ち歩けるかよ」

「何がメンツよ！　女房子供に不自由させておいて、自分は飲み歩いてるじゃない。ヤクザのどこがエライのよ！」

「じゃかんし！」

頬を張り飛ばすと、尾形氏は家を出てベンツに乗り込み、乱暴にスタートさせた。

カミさんの言うとおりであることは、尾形氏にもよくわかっている。楽させてやりたいと思う。だが、いまのシノギでは苦しいのだ。いや、しかるべき額の稼ぎはあるのだが、出費が大きいのだ。羽振りのよさは権勢の証明であり、シノギは力のあるヤクザに集まる以上、無理してもベンツに乗り、金ムクの時計を腕に嵌（は）め、ダイヤのカフスをしなければならない。義理がけなど、つき合いもある。

（だが――）

と、この日の尾形氏は真剣に考えた。

（カミさんが怒ったように、ふた言目にはメンツだ義理だと言って家族を泣かせてきたが、ヤクザという〝生き方〟に、どれほどの価値と意味があるのだろうか？）

このとき抱いた思いが、熾火（おきび）のように心の片隅で燻（くすぶ）り続けるのだった。

尾形氏が良寛の句に出合うのは、そうした迷いのさなかのことであった。

バブルが弾け、平成不況に日本経済が苦しんだ当時のことだ、融資の担保として押さえた書画が大量に出まわり、尾形氏の手許にも何点か持ち込まれた。蛇（じゃ）の道はヘビで、もぐりの金融業者から、書画の〝客付け（きゃくづけ）〟を依頼されたのだが、洋画は買い叩かれ、バブル時の三分の一でも売れなかった。

「てめぇ、つまんねぇもの持ってくんじゃねぇ」

尾形氏が金融業者に嚙みつくと、

「これならすぐに売れます」

と言って見せたのが良寛の書であった。良寛という名前くらいは聞いているが、そもそも良寛が何者であるかについては、まったく知らなかった。それでは〝客付け〟するのにまずいだろうというので、金融業者が良寛の解説本を貸してくれたのだった。

この本で、良寛が曹洞宗の僧侶で、歌人、漢詩人、書家であることがわかったが、尾形氏の心を惹きつけたのは、良寛がまさに人生を閉じようとした七十四歳のときに詠んだ歌であった。

「うらを見せ、おもてを見せて、散るもみじ」

ヤクザとして生きる日々の、対極にある言葉だと、尾形氏は感じたという。

「たぶん、見栄を張って生きる人生に疲れていたんだろうね。金が有り余ってるってのなら別だけど、女房子供を泣かして、何がヤクザだって気分になっていましたからね。身の丈で生きるっていうのか、裏も表も見せて散るという〝もみじ〟がうらやましくてね。私の人生なんか、裏を隠して表を飾り、だったんだもの」

尾形氏は、こうして足を洗う決心をしたという。

酒席でこの話を聞いたとき、

(調子がいい男だな)

と、私は思った。

良寛の一句で足を洗ったなど、ホンマかいな、と思った。

正直言って、どんな高尚な理由を持ち出そうとも、ヤクザをまっとうできず、ケツを割ったということなのである。私は不愉快な酒を飲んで尾形氏と別れ、それ以後、会うことはなかった。

だが、最近になって思うのだ。たとえ良寛が、ケツを割ったことに対する言い訳の出汁(だし)であったとしても、「良寛の一句」を引き金として、尾形氏の人生が変わったことは事実なのだ。

いや、尾形氏の言うとおり、良寛の句に触発されて足を洗ったのかもしれない。命を懸け、ヤクザ社会という煩悩の坩堝(るつぼ)に身を置く彼らは、私たちの想像をはるかに超えて人生の矛盾に悩み、苦しんでいる。そのことに思いを馳せれば、人生の指針となる一句に心を動かされて、何の不思議もあるまい。ホンマかいな、と邪推した私が間違っていたのだと思った。

いま尾形氏という〝もみじ〟が、どんな人生を送っているか、私は知らない。裏を見せ、表を見せ、身の丈にあった人生を楽しんでいて欲しいと願う。私もそうありたいという願望を込めて、そう思うのである。

人の値打ちは、慚愧の念を持つか否かで決まる

慚(ざん)は自ら罪を作らず、
愧(き)は他を教えて作(な)さしめず
――親鸞

私たちは凡夫ゆえ、恥ずべき行為を繰り返す。

それが人知れぬものであったとしても、我が心に問いて、「恥ずべきことの一切なきなり」と胸を張れる人はいないだろう。

ならば、自因自果――すなわち「自分の行いの報いは、自分に返る」とする仏法を

もってすれば、恥ずべき行為の報いは、我が身に降りかかってくるのだろうか。

「いや、そうではない」

と、涅槃経（ねはんぎょう）は次のようなエピソードをもって教える。

その昔、悉達多（しったるた）という大王が病に伏したときのことだ。

大王は不安になって、

「私が病気になったのは、多くの罪を犯したからであろうか？」

と耆婆（ぎば）という名医に問うたところ、

「いえ」

耆婆は言下に否定して、

「王様は罪を犯したとはいえ、それを恥じいる心をお持ちですから救われます」

と答えたのだった。

親鸞聖人はこの涅槃経を自著の『教行信証』に引いて「慚（ざん）は自ら罪を作らず、愧（き）は他を教えて作（な）さしめず」――すなわち「慚（ざん）という言葉は、自分の心に犯した罪を恥じて罪を犯さないことであり、愧（き）は自分の罪を告白し、他の人に罪を犯させないようにすることである」と教えた。

ひらたく言えば、

「オレが悪かった。もう二度と同じ間違いはやらないし、他の者にもさせないから勘弁してくれ」

という意味で、「反省」と「告白」が大事だと説いているわけだ。これを「慚愧（ざんき）」と言い、我が身を反省し、心から恥ずかしく思うときに「慚愧に堪えない」という言葉を用いるのだ。

F総業本部長の矢澤浩志氏（仮名）が、親鸞聖人のこの教えに触れるのは、墓参で郷里に帰ったときだった。勘当され、家を飛び出してから二十余年ぶりのことで、両親はすでになく、墓は姉夫婦が守（も）りをしていた。姉夫婦とA寺を訪ねると、広い境内の半分は駐車場になっていたが、子供のころ、ここでキャッチボールをして遊んだことが懐かしく思い出された。

「久しぶりの里帰りじゃ。一服していけや」

お墓でお経をあげてもらったあと、矢澤氏は住職に誘われるまま、本堂にあがってお茶をよばれた。住職が意図したのかどうか、四方山（よもやま）話がいつしか人生論になり、

「慚（ざん）は自ら罪を作らず、愧（き）は他を教えて作（な）さしめず」という親鸞聖人の教えを引いて、

「いまからでも遅うない。足を洗って帰ってこんか」

と、懇々と諭したのだった。

「でもね」

と、都内の喫茶店でお茶を飲みながら、矢澤氏がそのときのことを振り返って私に言う。

「住職の気持ちはありがたかったけど、二十年以上もヤクザやってるんだ。いまさら足を洗う気はないって言ったら、住職は般若経のナントカって大王の話をしてくれてね。これが腹にズシンときたんだ」

住職は、耆婆が悉達多に告げた言葉――「王様は罪を犯したとはいえ、それを恥じいる心をお持ちですから救われます」を引き合いに出して、

「ヤクザも一緒じゃぞ。ヤクザである自分は、『人様に誉められる人間ではない』という自覚を持って日々を生きておるかどうか。値打ちはここで決まるんじゃ。慚愧の念を持たぬ人間を、涅槃経は『無慚愧（むざんき）』と名づけ、『人（にん）』とせず『畜生（ちくしょう）』とする。おまえさんが、足を洗わんと言うならそれもよかろう。ただし、畜生にはなるなよ」

そう言ったのである。

「このときヤクザに対する見方が変わったよ。肩揺すって歩いて得意になっている連中は〝畜生〟だってね。そりゃカタギはトラブルを恐れて道を空けてくれるけど、そんなもん、得意になることじゃない。得意になること自体が恥ずべきことだって気がついたんだ」

それからというもの、矢澤氏は自分を厳しく律するようになったという。自分の行為や態度を無条件に是とするのではなく、

（それはヤクザとして恥ずべきことではないのか？）

と、もうひとりの自分が問いかけるようになったのである。

なぜ矢澤氏がここまでストイックであろうとしたのか、私は知らない。ヒロイズムに酔っているのかもしれない。

だが、理由はどうあれ、人生観や生き方は、生業（なりわい）とは別のところで成立するという当たり前のことを、私は矢澤浩志という一人のヤクザを通して、再認識したのだった。

「でもさ、何だかんだ言っても、所詮、ヤクザはヤクザさ。嫌われて当然だと思うね。ただ、自分たちがそういう存在であることを知らないで、ノー天気に生きるのだけはごめんだね」

ヤクザであることを恥じいるのではなく、畜生であることを恥じいる、と矢澤氏は真顔で言うのだった。

翻って、私たちはどうだろうか。どんなに富に恵まれようとも、どんなに高い地位にあろうとも、もし無慚愧の人間であるとするなら、それはただの畜生に過ぎないのである。

心を空にし、苦悩や悲しみをいつまでも引きずるな

煩悩せざらんことを要得せば、
如今須らく煩悩すべし――大慧

私は週刊誌記者だった二十代から、どういうわけかヤクザと坊さんに縁がある。仏法の基本である因縁生起からすれば、私自身に「因」があることになり、五十を過ぎて得度したのはそのせいかもしれないと思ったりもする。もっとも、坊さんになったのはともかく、「因」があるからといってヤクザの盃を受けていたら、我が人生

はエライことになっていたろう。

冗談はともかく、これまで親交を結んだ僧侶は、第三章でご紹介した源真和尚（仮名）や、バブル時代に不動産投資で〝大火傷〟して行方知れずになった住職、あるいは命懸けで仏道に邁進する布教使など多士済々だが、そんな一人に、禅宗系K寺住職の明覚和尚（仮名）がいる。

すでに故人になられたが、型破りな坊さんで、

「葬儀で、戒名料がいくらと訊かれて答えるのは難しいのう。家柄を値踏みして、ン十万円と言って、ハイと二つ返事されると、『あちゃ！　もうちょっと多く言えばよかった』と思うたり。なあに、坊主も欲と二人連れでお経をあげておるんじゃ、ガッハハハ」

冷や酒をコップで呷って、豪快に笑い飛ばす——そんな和尚だった。戒名辞典というものがあることを知ったのもK寺だ。「さあて、どれにするかのう」と、和尚が指を舐めながら分厚い辞典を繰っていたものだった。

その明覚和尚と私が所用があって議員会館に某代議士を訪ねた帰り、赤坂のホテルCでお茶を飲んでいるときだった。S組幹部の森川三郎氏（仮名）が若い衆を従えて

入ってきた。余談ながら、地の利や駐車場の関係で、その筋ご用達のホテルラウンジがあるのだ。

私と挨拶を交わしてから、森川氏が法衣を着た明覚和尚に目を留めたので、

「××区にあるK寺のご住職です。こちらは――」

両者を紹介すると、

「お初にお目にかかります」

と、森川氏のほうで気をつかった。

森川氏に限らず、僧侶に対して敬意を払うヤクザは少なくない。ことに、命懸けで渡世してきて、人生の酸いも甘いも嚙み分けた幹部クラスともなると、謙虚なものだ。

森川氏に席をすすめ、十分ほど雑談したろうか。

「さて、そろそろ私は」

そう言って明覚和尚が立ち上がるや、

「おい!」

森川氏がロビーで待機する若い衆を呼びつけて、

「ご住職をお送りしろ」

と命じた。

明覚和尚は辞退したが、森川氏もヤクザ。いったん口にして引くわけがなく、明覚和尚は窓に黒いフィルムを張ったベンツSクラスで帰って行った。

それから二週間ほどしてからだろうか。私が編集者とホテルCのラウンジで打ち合わせをしていると、森川氏が通りかかって、

「先週、K寺へ顔出してきたよ。あの和尚、なかなかの人物だね」

と笑った。

数日して、私がK寺を訪ねると、

「森川さんが来たのはな――」

と、いつものように近所の居酒屋で冷やのコップ酒を呷りながら、和尚が話し始めた。

森川氏は、自分が目をかけてきた若い衆が不始末をしでかし、悩んだ末に破門にしたそうだが、

「破門にしたことよりも、ヤクザとして、悩んだ自分が情けない」

と和尚にこぼしたそうである。

「それで、和尚は？」

「大慧の話をしたんじゃ。大慧というのは中国宋時代の禅僧でな。宰相の湯思退が最愛の息子を亡くしたときに……」

孝を重んずる中国では逆縁——すなわち、親より早く子供が死ぬことは嫌われるため、宰相という立場からすれば湯思退は泣くことはできない。だが父親の情からすれば、その悲しみは胸を搔きむしるような思いであったろう。「宰相」と「父親」の狭間にあって苦悩する湯思退に、大慧はこう語りかけたという。

「煩悩せざらんことを要得せば、如今須らく煩悩すべし。思量せざらんことを要得せば、如今須らく思量すべし」

すなわち、

「悩みたくないと望むなら、いま悩みなさい。思い煩いたくないと望むなら、いま思い煩いなさい。我が子を亡くして泣かない親がありましょうか、どうぞお泣きなさい」

そう諭したのである。

「大慧はな、悩み切れ、泣き切れ、思い煩い切れ——と教えておるんじゃ。苦悩や悲しみを、その場で全部出し切って心を空にし、引きずるな、ということじゃな」

　和尚はコップに冷や酒を注ぎ足して、

「人生は、喜怒哀楽と道連れの旅じゃ。騙されれば頭にくる。失敗すれば泣きたくなる。ここ一番の難事を乗り切ることができれば万々歳じゃろう。だけどな、湯思退のように、立場とか世間体などを考えて、喜怒哀楽を我慢せざるを得ないこともまた、往々にしてある。大慧は、この我慢がよくないと言うんじゃな」

　我慢がストレスになるから、という意味ではない。泣きたいときに泣けなければ、悲しみをずっと引きずることになる。怒るときに怒らなければ、怒りをずっと引きずることになる。悩みの解決を先送りすれば、ずっと悩み続けることになる。

「これがよくないと大慧は諭す」

　と、明覚和尚は森川氏に解説してから、

「あんたは、悩んだことを恥じいることはない。逆じゃ。大慧禅師が聞いたら、アッパレと誉めてくれるじゃろう」

　そう言って呵々大笑したということだった。

「そうは思わんか？」

と、和尚が私に続ける。

「カッとなってカミナリを落とす人間はどうじゃ。怒りをいつまでも引きずらん。反対に、怒るときに怒らない人間は、ネチネチといつまでも嫌味を言いよる。泣いたカラスはな、だからすぐに笑うんじゃ、ガッハハハ」

森川氏は、明覚和尚の不真面目そうな説法にひそむ鋭い真実に感心し、「あの和尚、なかなかの人物だね」と、私に言ったのだろう。

「大慧禅師の言葉、しかと肝に銘じます」

晴ればれとした表情で、森川氏は帰って行ったそうである。

欲望や願望に振りまわされず、自然の流れに身をまかせよ

ほのほ（炎）は空にのぼり、水はくだりさまに流る——法然

ヤクザが自己主張をするとき、大きく二つのタイプに分かれる。

「自分の言葉」で語るタイプと、「名句」を持ち出すタイプだ。

「わしがイモ喰うて、あんさん、屁ぇこきまんのんか?」「同情するだけなら、赤子でもでけまんがな」——前者は、こんな詭弁で攻める。

「同情してくれるんはありがたいけど、口でなんぼメシの話したかて、わしの腹、ふくれんがな」

だからゼニを貸せ——と迫る。

後者は、たとえば、

「これからは〝淡交（たんこう）〟でいこうじゃねぇか。〝君子の交わりは淡きこと水の如し〟と言ってな、本物の男同士は、サラサラと水が流れるようなつき合いをするもんだって、中国の荘子が言ってるんだ」

要するに、これからは金の貸し借りはしない——ということを通告しているのだが、荘子というエライ人の言葉を持ち出されれば、

（そういうもんかな）

と相手も何となく納得せざるを得なくなる。同じ意味を「自分の言葉」で言えば「何だ、この野郎」と角が立つ。名句は、使い方によっては実に重宝なものなのである。

新興ヤクザH連合本部長である水島哲夫氏（仮名）は、名句が大好きだ。どこで仕入れてくるのか、会うたびに新しい名句を口にして、

「だから人生はよ」

と、したり顔で解説する。

配下の若い衆が内輪でモメたときなど、

「てめぇら、『和を以て尊しとなす』って言葉を知らねぇのか」

聖徳太子を持ち出して戒めたときは、そばで聞いていて感心したものだ。

その水島本部長が最近、好んで口にするのが、

「川は下流に向かって流れる」

というフレーズである。

「人生にゃ、流れってもんがあるんだ。それに逆らったって、うまくいくもんじゃねぇ。いいかい、川の水はよォ、下流に向かって流れていくんだ。逆流させようたって、そうはいかねぇ」

これまでのような、知識のひけらかしではなく、しみじみと言うのだ。

「何だか悟ったみたいですね」

私が茶々を入れると、

「悟ったんじゃねぇよ、気がついたんだ」

と真顔で言う。

「何かあったんですか？」

「いや、別に……。たまたま法然って坊主の話を読んでいたら、そんなことが書いてあっただけさ。オレも四十半ば。人生、そんなもんだろうなって、ようやく気がついたのさ」

最近、人生の転機があったようだが、水島本部長は言葉を濁した。

で、後日――。

仲のいい若い衆に会った折に訊いてみると、債権取立で他組織とモメたさい、水島本部長がヘタを打って、組長が激怒。出世競争から一歩後退したのだと、声をひそめて話してくれた。

組長に尽くし、組長に可愛がられ、跡目は本部長で決まりだと自他共に認めていただけに、水島氏もこれはショックだったろう。ウワサによれば、本部長に対する組長の嫉妬であるとも、某幹部の巻き返しとも言われているが、真相は定かではない。ただ、名句が好きな水島本部長のことだ。人生の無常をしみじみ感じたことだけは確かだったろう。

そんな精神状態のときに、たまたま法然上人の言葉に出合ったことで、人生の実相に気づいたか、あるいは自らを慰めたか――。いずれにせよ、短気な水島本部長が丸くなってきた、と若い衆は口をそろえるのである。

法然は、戦乱相次ぐ鎌倉時代、専修念仏こそ民衆を救う道であるとして浄土宗を興した。既成仏教が一般民衆に門戸を閉ざし、厳しい修行によって悟りを得ようとする「難行道」に対して、「念仏をとなえさえすれば、人間は等しく極楽に往生できる」とする法然の教えは「易行道（いぎょうどう）」と呼ばれ、燎原（りょうげん）の火のごとく広まっていった。

その法然が説いた教えに、

「ほのほ（炎）は空にのぼり、水はくだりさまに流る。菓子（かし）のなか、すきものあり、あまきものあり。これらは、みな法爾（ほうに）の道理なり」

というのがあり、水島本部長が口にした「川は下流に向かって流れる」という言葉は、これからとったものだろう。

意味は一読瞭然。

「水は下流へと流れていく。菓子（果物）には、酸っぱい物もあれば甘い物もある」

というもので、今日に即して私流に読み解けば、

「川の水が下流へ向かって流れて行くように、私たちの人生もまた意志と関わりなく、日々は過ぎていく。この〝当たり前のこと〟に気づき、いたずらに欲望や願望に振りまわされることなく、淡々と自然の流れに身をまかせることが大事である」

ということになろうか。

私たちは、欲望に突き動かされ、

（こうしたい、こうありたい、あれが欲しい、これが欲しい）

と念じつつ、それが実現しないことに苛立つ。

思いどおりの人生にならないことに、不満を抱く。

ところが観点を変え、出世も、幸せも不幸も、損も得も、いや自分の存在そのものが天の配剤によるものだとしたらどうだろう。川の水が下流に向かって流れていくように、私たちの人生もまた意志と関わりなく、日々は流れていく。この当たり前のことに気づき、いたずらに欲望や願望に振りまわされることなく、淡々と自然の流れに身をまかせることが大事である――と、法然は説くのである。

だが、ヤクザ社会は、強者が弱者を食らう修羅場だ。覇を競うサバイバル・レースでもある。ライバルを蹴飛ばし、押しのけ、あるいは背後から石を投げつけ、前へ前へと疾走していく。そんな修羅場にあって、淡々とマイペースで走っていて生き残っていけるのだろうか。

「大丈夫さ。なぜかっていうと、人生ってのは、ロードレースじゃなく、トラック競走じゃないかってね、競輪に行っていて、ふと思ったんだ」

しばらくぶりに会って、私が法然の話を引き合いに出すと、水島本部長が笑いながら続けた。

「だって、オレが盃を下ろされた二十年前から、跡目がどうだ、縄張がどうだ、メンツだスジだって、角を突き合わせておんなじことやってるんだもの。だからオレに言わせれば、この社会はゴールのない競輪だね。もがいて（全力疾走して）落車したんじゃ、レースは終わり。マイペースでチンタラ走ってりゃ、周回遅れで、そのうちどこがトップかわかんなくなっちまうのさ」

煩悩の坩堝たるヤクザ社会で、水島本部長がどこまで恬淡としていられるか、私にはわからない。出世するかどうかもわからない。野垂れ死にするかもしれない。だが、法然上人の言葉に触発され、そう在ろう、そう在りたい、と願う水島本部長の真摯な気持ちだけは、私にもひしひしと伝わってきたのだった。

翻って、これはヤクザ社会だけのことだろうか、と私は考えた。

――人生ってのはさ、ロードレースじゃなく、トラック競走じゃないかってね、競輪に行っていて、ふと思ったんだ。

お茶を飲んで別れたあと、水島本部長のこの言葉が、いつまでも私の耳について離れなかった。

第五章

死は必ず訪れる。今日かもしれないし、明日かもしれない

高く評価されれば、批判弾圧されることも覚悟せよ

石は玉をふくむ故にくだかれ、鹿は皮・肉の故に殺され、魚はあじわいある故にとらる　――日蓮

私は房総半島の鴨川市に仕事部屋を借りている。月に数日、気分転換を兼ねてここで仕事をするのだが、さすが日蓮誕生の地とあって、日蓮宗の寺がいたるところにある。私と宗派が違い、日蓮宗については不案内だが、この地に来るたびに、

「石は玉をふくむ故にくだかれ、鹿は皮・肉の故に殺され、魚はあじわいある故にとらる。翠は羽ある故にやぶらる。女人はみめかたちよければ必ずねたまれる」

という日蓮の言葉を思い浮かべる。

「石は玉を含んでいるため、それを採取しようとして砕かれ、鹿はその皮肉を得るために殺され、魚は食するために獲られる。翡翠の雌は美しい羽をしているために捕えられ、女性は美貌であれば必ずねたまれる」

という意味で、日蓮はこれらを自己の受難に喩え、高い価値や評価があればあるほど、それに対する批判や弾圧はいっそう苛烈になっていくとした。

「少々の難は数知れず、大難四箇度なり」

と自ら語るように、流罪、暗殺未遂、さらに処刑寸前に九死に一生を得るなど、日蓮の生涯は法難の連続であり、この言葉はまさに「それでも自分は信念を貫く」――という、火を吐くような覚悟と言っていいだろう。

私がこの句を思い出すのは他でもない。日蓮のこの言葉に触発され、人生観が変わったヤクザ幹部がいたからである。

速見慎司氏（仮名）――。将来を嘱望されながら、三十代半ばで病歿したＡ一家の幹部だ。私は面識はないが、Ａ一家Ｂ組の組長として評判は耳にしていた。

「なかなかの人物だよ。いずれ名のある親分になる。紹介するから会ってみるといい」

知人で、土建会社を経営する吉中勇社長（仮名）からそう言われていたが、機会を得ないまま、速見氏は急逝した。

以下は、吉中社長から聞いた話である。

Ａ一家が縄張りにするＱ県に、広域組織Ｗ会が進出してきたときのことだ。盛り場で小競り合いが起こった。主戦論を唱えたのが速見氏だ。

「相手がどこであれ、米櫃に手を突っこまれて黙っていたんじゃ笑い者になります」

と筋論を主張したのに対して、Ａ一家理事長の阿久津重雄（仮名）を筆頭に、長老・幹部全員が手打ちを主張した。

「じゃ、Ａ一家の看板をおろして、Ｗ会の下につくんですかい？」

「手打ちだと言ってるじゃねぇか」

「そんなバカな。Ｗ会が手打ちに応じるわけがないでしょう。縄張を盗る気で鉄砲玉を飛ばしてるんですぜ」

「話してみなきゃ、わかんねぇだろう」

「しかし……」

「じゃかんし！　そんなにドンパチやりてぇなら、てめぇんとこだけでやりゃいいじゃねぇか！」

四面楚歌になったのである。

速見氏は、世話になっている吉中社長にそのことをこぼした。

「いつも自分が槍玉にあげられるんですよ。会長の入院をいいことに、二言目には『ウチから出て行け』ですから、参っちゃいますよ。ヤクザの筋からすれば、W会とコトを構えるべきですが、このさい理事長の顔を立てて仲よくやっていこうかと思ってるんです」

これに対して、吉中社長はさすがに苦労人である。

「あんたが手打ちを主張したら、幹部のみんなは逆に反対するよ。ヤクザの筋から言ってドンパチやるべきだってね」

「……」

「みんなは、あんたのことが面白くないんだよ。あんたがどんどん力をつけてきていることが怖いんだよ。だから潰しにかかってるんだ。手打ちに賛成だと言ってごらん。『ころころ態度を変えやがって、それでもヤクザか！』てなもんだ」

　こう諭してから、

「日蓮さんはね——」

と、日蓮宗の某寺の檀家総代でもある吉中社長は、「石は玉をふくむ故(ゆえ)にくだかれ、鹿は皮・肉の故に殺され、魚はあじわいある故にとらる。翠(すい)は羽(はね)ある故にやぶらる。女人はみめかたちよければ必ずねたまれる」という日蓮の言葉を口にして、

「速見さん、あんたは玉を含む石なんだ。鹿であり、魚なんだ。だからみんなが砕こうとし、殺そうとし、獲ろうとする。だけど、日蓮さんはそれでも信念を貫いた。死を覚悟して貫いた。幾たびかの法難を乗り越えたがゆえに、今日の日蓮宗がある」

　日蓮のこの言葉に、速見組長は肚(はら)をくくるのである。

　もちろん、迷いはあったろう。信者でもない速見氏が、日蓮がこう言ってます、ハイそうですか——とはなるまい。ヤクザの抗争は命が懸かるのだ。

　速見氏が、葛藤をどう克服したか私は知らない。ただ、どうあっても自分は目の仇(かたき)にされると悟ったとき、取るべき道は一つしかあるまい。すなわち、自分の信念に従

という選択である。

速見氏は幹部会の席で一歩も退かず、激しく主戦論を展開し、

「ウチの組だけでもやります」

と言い切った。

このことを漏れ聞いたW会は、手を引いた。おそらくW会は、そのブランド力で圧（あつ）をかけ、手打ちという名の〝無血開城〟を狙ったのだろうが、〝窮鼠（きゅうそ）〟に噛みつかれて抗争になったのでは、費用対効果から考えて間尺に合わないとW会の本部は判断したのだろう。

こうして速見氏は信念を貫き、力で幹部をねじ伏せ、A一家を救った。会長は病気であり、跡目は速見氏で決まりと誰もが思ったが、その翌年、病気で急逝したのだった。

吉中社長が言った。

「まさか、ヤクザが日蓮さんのお言葉に感銘を受けることがあろうとはねぇ。それまで思いもしなかったけど、教えの前にヤクザもカタギもないってことがよくわかったよ」

房総を海沿いに南下し、内浦トンネルを過ぎた鴨川市天津小湊に、日蓮ゆかりの誕生寺がある。その案内標識を見るたびに、吉中社長の述懐を、私は思い出すのである。

真実とは、言葉や文字で表すことはできない

不立文字(ふりゅうもんじ)、教外別伝(きょうげべつでん)――『無門関』より

「仏の辰五郎さん」

と呼ばれた中堅ヤクザがいる。

呼ばれた、と過去形で書いたのは他でもない。いまは百八十度変身し、「閻魔(えんま)の辰」として、若い衆から恐れられているからだ。

「バカ野郎！」

怒鳴るより早く灰皿が飛んでくるのである。

新谷辰五郎氏（仮名）——。広域組織三次団体の中堅組員だ。「仏の辰五郎さん」といっても、そこはヤクザ。一般社会でイメージする仏とは少し違い、駆け出しに対して理不尽な鉄拳が少ないという程度だが、それでもヤクザ社会ではやさしいほうで、若手の人望があった。

それがなぜ「閻魔」になったのか。

「若いもんに甘えが出てきちゃってね。それがもとで、ちょいとしたトラブルになったんですよ」

と新谷組員が言う。

コウジと呼ばれる駆け出しが、飲食店のボーイに接客態度が悪いとインネンをつけ、ブン殴ったときのことだ。ボーイは目の上が切れて、三針ほど縫った。傷害事件になるところだが、新谷組員がこの飲食店の社長を知っていることから、治療費を持つということで話をつけた。

「コウジ、いまから店に行って、これをボーイに渡して謝ってこい」

そう命じて、新谷組員はコウジに治療費を持たせたところが、コウジはキャバクラに引っかかり、仲間の組員と遊んでいるうちに、深夜になってしまった。

「コウジ、届けなくちゃ、ヤバいぜ」

仲間が心配したが、

「大丈夫だ。新谷の兄貴だもの、怒りゃしねぇよ」

「それもそうだな」

こうして、この夜は、とうとう治療費を届けなかったのである。

飲食店の経営者は、ボーイに対して立場がなくなった。「治療費を取ってやるから」と言って事件にしないよう抑えたのに、当の若い衆はシカトである。一方、ボーイはビビっていた。

（治療費を持って来ないということは……）

その足で、警察に駆け込んだのである。

「これにはまいったね」

と新谷組員が述懐する。

「コウジが逮捕（パク）られるのはどってことないんだけど、野郎、たまたま匕首（ヤッパ）を持っててさ。事務所が家宅捜索（ガサ）くっちまったんだ。で、オレ、組長（オヤジ）に呼びつけられてさ。『てめぇが甘い顔してるから若い衆がつけあがるんだ。ヤクザは身体でしつけるんだ！』――頭からどやしつけられたよ。で、兵隊時代の話をしてくれたんだ。組長、兵隊に行ってたからさ」

藤堂繁次郎組長（仮名）が語った話とは、新任の若い少尉と藤堂組長のエピソードだった。藤堂組長が兵舎の廊下で、同僚と話に夢中になっていて、通りかかったこの若い新任少尉に欠礼してしまった。

（ビンタを張られる）

と覚悟したが、

「以後、気をつけるように」

と注意しただけで、若い少尉は立ち去ろうとした、そのときである。

「待たんか！」

背後から怒声がした。

大尉が鬼の形相で立っていたのである。

あわてて敬礼する少尉に、

「貴様！　なぜビンタを張らんのだ！」

大尉は怒鳴りつけた。

「ハッ、口頭の注意でじゅうぶんであろうかと……」

「バカ者！　そんな甘ちょろいことで士官が務まるか！　いいか、上官たる貴様は、戦地において兵に突撃を命じる場合もあるんだぞ。ビンタひとつ張れないような上官の命令を誰がきくか。ビンタはな、兵が憎くて張るんじゃない。上意下達を身体で教えるために張るんだ」

そして大尉は、

「不立文字、教外別伝」

という無門慧開の言葉を引いて、

「いいか、言葉でいくら注意しても、それは身につくものではないんだぞ」

と諭したと言う。

藤堂組長は、このときの体験を新谷組員に話して聞かせ、

「ヤクザも一緒だぞ。若い衆を一人前にしてやりたかったら、身体で教え込むことだ」

と告げたのだった。

「そんなことがあって、オレは仏から閻魔に変わっちまったってわけさ」

と、新谷組員は笑った。

「不立文字、教外別伝」という言葉は、中国宋代の禅僧・無門慧開が編んだ『無門関』に出てくる。「(仏祖の悟りは)文字で伝えようとしても伝わらず、文字言説とは別のところで伝わっていくものである」という意味で、釈迦と、弟子・伽葉との間で交わされた次のようなエピソードが説かれている。

ある日のこと。釈迦が一本の蓮華の花を手にとると、目の前にかざし、弟子たちに微笑んだ。誰もその意味がわからなかったが、伽葉だけがニッコリと笑った。これが「不立文字、教外別伝」で、真実は言葉や文字といった形では示すことができず、教理や理論とは別のもので伝わる――ということを釈迦は伽葉に教えたとされる。

すなわち、理論や理屈は〝畳の上の水練〟と同じで、いくら頑張っても泳げるようにはならず、我が身を水に浸して初めて会得できるというわけである。

大尉は、この教えから転じて、「ビンタを張れ、身体で上下関係を教えよ」と言ったのだろうが、まさかこのときの一句が戦後数十年を経て、ヤクザの親分になった藤堂組長の諭しに用いられようとは思いもよらないことだろう。

とかく私たち大人は「理解＝できること」と錯覚をする。スポーツがいい例だ。「なるほど、そうやればいいのか」と合点したところで、その技術が身についたような気分になってしまう。二千五百年のはるか昔から釈迦にそのことを戒められながら、私たち大人はいまもって理論・理屈に捕らわれているということになる。

ちなみに『無門関』は、『正法眼蔵』と共に禅の二大聖書とされるが、藤堂組長も新谷組員も、そのことは知らない。知らなくても、教えを忠実に実践している。是非は措くとして、彼らはまさに「文字」を超えた〝実戦社会〟に棲息しているのである。

口先だけで行動がともなわない者は猩猩と同じ

能く誦し、能く言うこと鸚鵡もよく為す。
言って行わずんば何ぞ猩猩に異ならん——空海

坊さんがサングラスをかけ、法衣の代わりに革ジャンを着て歩いたら、いったい何者に見えるだろうか。

ヤクザである。

ズボンのポケットに両手を突っ込み、肩をすぼめて闊歩すれば、善良なる市民は道を譲るに違いない。

実は、都内某区の駅前で、私がバッタリ出会った僧侶の西山正剛さん（仮名）は、そんな格好をしていたのである。

「ウッス」

「に、西山さん？」

ずいぶん前のことで、そんな挨拶を交わした記憶がある。

西山さんは当時、三十代半ばだったろうか。私が懇意にしていた真言宗系R寺の役僧だった。役僧というのは、寺に雇われた僧侶のことだ。西山さんの実家は関西の某寺で、長兄が後を継ぎ、次男の西山さんは北陸の某寺に婿養子に入ったのだが、どんな不始末があったのか離縁され、その後は本山の求人案内を頼りに役僧として寺を転々としている……というのが、R寺住職の話だった。

「飲み行くんだけど、たまにはどう？」

西山さんに誘われて、私は一緒した。寺にうかがったときは挨拶する程度で、親しいというわけではなかったが、これも何かの縁と思い、つき合うことにしたのだった。

居酒屋のノレンをくぐると、見るからにソノ筋とわかる若い衆三、四人がテーブル

で飲んでいたが、西山さんを見るや、

「先生、どうぞ！」

頭をさげるや、急いで席を詰めた。

「おう。こっちはな、わいの友達や」

西山さんが関西弁混じりで私を紹介して、どっかりと腰をおろした。広域組織の末端の組を〝枝〟と関西では言うが、彼らはＶ会の〝枝〟に所属する若い衆たちだった。まだ二十代前半だろうか。組名を名乗りはしたが、正式に盃を下ろされたのか、準構（準構成員）なのか判然としなかったが、行儀はきちんとしていた。

聞き役にまわっていると、そのうち若い衆が一目置く理由が、何となくわかってきた。どうやら西山さんに〝不良〟の匂いを嗅ぎ取っているようだった。後日、私が西山さんから聞いたところでは、十代のころはバイクをブイブイいわせた暴走族だったそうだ。坊さんになる気など、さらさらなかったが、得度したら新車バイクを買ってくれると親が言うので、僧侶の資格を取得したのだという。

余談ながら、後継者問題は寺にとって頭痛のタネなのだ。「寺を継がんでもええから、得度だけしてくれんか」「クルマ買ってやるぞ」「檀家さんの手前もあるから、僧籍だけ取っておいてくれんか」……等々、あの手この手で、嫌がる息子を説得する寺も少なくない。商家と違って、寺は代々、檀家に支えられて存続しているため、「じゃ、廃業しますわ」というわけにはいかないのである。西山さんの場合も、実家が大きな寺であるため、もし長男に万一のことがあった場合を考え、僧籍を取らせたということだった。

で、西山さんと若い衆たちである。

女の話や博奕、ケンカ、仕事（シノギ）など、面白おかしくバカっ話をしているのだが、西山さんが絶妙のタイミングで、仏教名句をはさむのだ。

「それで頭にきたから、ビール瓶で相手の頭をカチ割ったんスよ。もし相手が拳銃（チャカ）持ってたらズドン、だったでしょうね」

若い衆が言えば、

「いや、どうかな。相手がブッ放すかどうかは、おまえさんの肚のくくりによる。『大死一番、絶後に再び蘇る』といってな、おまえさんに、その覚悟があったら、相手はチャカを持ってても引き金は引けまい」

「だ、だいし……スか？」

「ウム。大きく死ぬ、と書く。自分の心に死という刃を突きつけ、それを乗り越えて大きく生きる――といった意味で、男の肚のくくりを言う」

お経で鍛えた渋い声で言えば、

「なるほど」

と若い衆たちは感心し、西山さんを「先生」と呼ぶことになる。後日、「真言宗の坊さんが、禅宗の名句で諭すんですか」と私が冷やかすと、「勇ましい言葉は禅宗に限りまんな」と笑っていたから、すべて計算ずくということか。

その西山さんが、空海――すなわち、真言宗開祖の言葉で諭したので、私はいまでもよく覚えているのだが、若い衆の一人がケンカ話の流れで、

「オレは勝てないケンカとわかっていても、やるね。死んだっていいさ。どうせ一度は死ぬんだ。早いか遅いかだけの違いだもの」

すると、すかさず西山さんが、

「能く誦し、能く言うこと鸚鵡もよく為す。言って行わずんば何ぞ猩猩に異ならん」

と口をはさんだのである。

「……？」

「口だけならオウムでも言える。口ばかり達者で行動がともなわないならば、猩猩と同じである――。我が宗祖・空海の言葉じゃ。猩猩とは、猿に似た想像上の動物で、ヤツらは人間の言葉を理解し、酒を飲む」

若い衆の顔色がさっと変わった。「口先だけじゃないのか」と西山さんは言っているのだ。ケンカになる、と私は思った。この若い衆が、まさにビール瓶を握れば、私はテーブルをひっくり返すつもりで、両手をかけた。

ところが、

「もう一度、教えてください。紙に書きますから」

緊張の沈黙が流れたあとで、若い衆が頭を下げたのである。

このとき、さすが空海の名句だと、私は感心した。口先だけの人間を、「湯」に「言う」を掛けて「風呂屋の釜」と呼ぶが、もし私が、この若い衆に、

「お宅、『風呂屋の釜』じゃないの」

と揶揄したなら、ビール瓶が飛んだはずだ。漢詩調の、しかも空海の言葉だからズシンと若い衆の心に響いたのだろう。こう言っては西山さんに失礼だが、誰の口を借りようとも、名句はそれ自体、人の心を打つということなのである。

このときの若い衆が、のち一家を構える深見浩司組長（仮名）である。座右の銘は、いまもって「能く誦し、能く言うこと鸚鵡もよく為す。言って行わずんば何ぞ猩猩に異ならん」――。

「長い懲役にも行きましたが、口に出したことは死んでも実行するって生き方で、ずっとやってきたんですよ。いまの地位なんていうと、おこがましいんですが、そんな生き方を諭してくれた西山先生のおかげだろうと思っているんですよ」

二十年がたって、深見組長は振り返る。

その西山さんが、いまどうしていらっしゃるのか、私は知らない。R寺に在籍していたのは一年にも満たなかったと記憶している。ある日、寺を訪ねたら、すでにいなかった。偶然だが、私がいまも所有する茶の革ジャンは、西山さんと同じ素材の、同じデザインで、それを見るたびに、西山さんと、空海のこの言葉と、そして深見組長を思い出すのだ。

迷いとは、すべて我が身の可愛さから起こるもの

一切の迷いは、みな身の贔屓（ひいき）ゆえに、迷いをでかしまする
——盤珪（ばんけい）

都会で暮らす地方出身者で、自分の宗派を知らない人は少なくない。実家が何宗なのか知らないまま、進学や就職で都会に出てきて家庭を持つからだ。しかも普段は仏教に縁がなく、自分が葬式を出す立場になって初めて、

「あれ？　ウチは何宗だっけ？」

ということになる。

だが、地方へ行けば、まだまだお寺さんが〝地域のヘソ〟になっている場合がある。檀家が多く、葬祭や法事、月参り、法話、お墓の相談など、お寺が地域の生活に深く根ざしているからだ。寺によっては、ヤクザの親分が有力な檀家になっていても不思議ではない。

次に紹介するのは、檀家であるヤクザの親分が、住職の諭しによって生き方を変え、大英断で〝地元の意地〟を守った話だ。地方都市のことで、私は直接には親分も住職も知らない。両者を知るこの寺の関係者から聞いた話であることを断っておく。

某市は、A組とB一家が勢力を二分していた。両者の勢力が拮抗している現在こそ小康状態にあったが、先代の時代からこれまで何度となく抗争を繰り返しており、いわば不倶戴天の仇敵であった。抗争がないというのは、風船が音もなく膨張し続けているようなもので、いずれ破裂するだろうというのが、衆目の一致するところであった。実際、両組織とも、隙あらば相手を潰すべく、虎視眈々と機会をうかがっていた。

そんな状況にあった某年某月、A組に緊張が走った。B一家が、広域組織Z会傘下に入るという情報が飛びこんできたのだ。Z会が後ろ盾となれば、この街はたちまちにしてB一家の手に落ちてしまう。B一家は勝負に出たのだ。

「親分、Q連合に入りましょう」

理事長に進言されるまでもなく、A組が生き残る道は、Z会とライバル関係にあるQ連合に入るしかないと、武田信幸組長（仮名）は考えていた。好むと好まざるとに拘らず、そうしなければA組は壊滅する。ライバル関係にある一方が広域組織の傘下に入れば、もう一方は保身のため別の広域組織に走る——こうして広域組織の寡占化は進んでいくのだ。

だが、武田組長は決断しかねていた。

本当にそれが最善の策であるのかどうか、確信が持てなかったのだ。

「もうちょっと待て」

言葉を濁し、幹部たちに自重するよう言い置いてから、武田組長は旦那寺である臨済宗系M寺を訪ねた。

「難しい顔しておるのう」

源常(げんじょう)住職（仮名）はまもなく九十歳という高齢だが、武田家に月参りしていた関係で、武田組長のことは子供時分から知っており、孫のようなものだった。ヤクザ渡世に入ってからはしばらく疎遠になっていたが、組の跡目を継いでからは、何くれとなく相談に出向いていた。利害関係になく、しかも仏法をもととする諭しは、武田組長の腑にストン、と落ちるのだった。

「住職、B一家がZ会に走るって話があって困ってるんだ。しょうがないから、ウチはQ連合に入ろうかと思うんだけど、迷っている。どうしたもんだろう」

単刀直入に思いをぶつけた。

「なぜ迷う」

「だって、Q連合の傘下になるんだぜ。カスリ（上納金）を持っていかれるじゃないか」

「なんだ、おまえさんの損得勘定か」

「いや、それだけじゃないさ。なんたって所帯がでかいからね。ウチは冷や飯を食わされるかもしれない」

「なんだ、出世の損得勘定かいな」

「何だよ、さっきから！　損得勘定、損得勘定って、オレをバカにしてんのか！」

普段であれば、よき相談相手で、祖父ほど年の違う住職に噛みつくことなど考えられないのだが、非常時とあって気が立っているのだろう。顔を朱に染めて怒鳴った。

「おまえさんが、迷うておるからどうしたらええかと、わしに尋ねたではないか。だから答えてやったまでのこと」

「……」

「一切の迷いは、みな身の贔屓ゆえに、迷いをでかしまする――。盤珪永琢といってな、江戸時代の臨済宗の僧が、迷いの本質をそう喝破しておる。すなわち――」

源常住職は眼光鋭くして、

「迷いというは、すべて我が身の可愛さから起こるもの。故に、我が身のことを考えねば、迷いの一切は生じないことになる。盤珪は、そう言っておる」

「能書きだろ」

「理だ」

「じゃ、どうしろってんだ」

「いま言うたではないか。我が身のことを考えるな、我が身を贔屓するな。つまり、自分の損得はいっさい考えず、組員のことだけを念頭に置いて対処すれば迷いは生じない。迷いなき判断を、正道と言うんだ」

「わかった」

と返事したわけではない。武田組長は席を蹴って帰って行ったのである。

その夜、武田組長は悶々として寝つけなかった。これまで親分として気ままに振舞ってきたが、Q連合に入ればそうはいかなくなる。外様として一生、冷や飯だろう。そうかといって、B一家がZ会入りすれば叩き潰される。結局、どっちを選択しても、不幸になる度合いが違うだけのことなのだ。

そのとき、ひょいと源常住職の言葉を思い出した。

（自分の損得はいっさい考えず、組員のことだけを念頭に置いて対処……。迷いなき判断が、すなわち正道……）

反芻するまま、組員のことだけを念頭に置いて考えてみた。何度も何度も考えてみて、結論は一つしかなく、その結論に鳥肌が立つ思いだった。

その結論とは、A組とB一家の合併である。合併すれば、広域組織も容易には手は出せない。橋頭堡なき進出は、費用対効果からいっても間尺に合わないからである。よそ者に街を荒らされてはならない。地元は、地元の人間が治めるのだ。

だが、不倶戴天の仇敵と合併するのだ。自分の気持ちに折り合いがつかなかった。

話を持ちかけても、Ｂ一家とて同様だろう。輾転と寝返りを打つうちに、ふと思った。

（オレが引退して、Ｂ一家に頭を譲るとしたらどうだ？　そのかわり、役付はきっちり五分の対等とする。そうすればウチの若い衆も納得するだろう）

だが引退は正直言って断腸の思いだった。親分という地位は、カタギの会社社長とは比較にならないくらい重い。極論すれば、ヤクザ組織はどんな役職にあろうとも、「親分」と「子分」の関係であり、富も名声も権力も、親分だけが手にすることができるのだ。

身体を懸けて守ってきた親分という地位を、自ら捨てるというのだ。並みの決心ではなかったろうが、そう肚をくくると、スーッと身も心も軽くなった。欲という錘を断ち切ったら、沈みかけた船が浮上していく思いだったと、武田組長は後に語ったという。源常住職が諭した意味が、まさにいま腑に落ちたのであった。

ここから紆余曲折を経て、両組織は合併するが、経緯については本稿にとって不要だろう。結論だけを記せば、武田組長を最高相談役に、Ｂ一家組長を初代会長として、「侵さず、侵されず」を旗印に新たなスタートを切ったという。

武田氏の決断が正しかったかどうか、私にはわからないし、人生に「もしも」を問うたところで意味はない。ただ一つ言えるとすれば、判断において「身の贔屓」を断ち切るべく自分を律したことで、武田氏は迷いから解放され、心の平静を手に入れたという事実であろう。

お目にかかりたいと念じつつ、機会を得ぬまま、源常住職は他界された。

志を貫けば、日々の糧がついてくる

道心の中に衣食有り、衣食の中に道心無し
——最澄

天台宗開祖・最澄が最期に残した言葉が、これだ。

「道を究めようとする心があるなら、衣食のことなど考えてはならない。志を貫けば衣食はおのずとついてくる。反対に道心がなければ、いくら衣食に恵まれていてもそれは無意味だ」

と説く。

「道心」とは、仏道における菩提心（ぼだいしん）——すなわち悟りを求めることで、

「悟りを究めんと欲する者が、日々の糧（かて）を気に病（や）んでどうする」

と諭し、どんなに恵まれた生活であっても「菩提心がなければ意味がない」と戒めるわけだが、これを私たちの日常生活に置き換えるなら、「仕事」と「生活の糧」の関係で読み解くことができる。

後段の「衣食の中に道心無し」は〝金の亡者〟のことで論外とし、私たちが心すべきは、前段の「道心の中に衣食有り」だ。すなわち「日々の糧を得ることに汲々（きゅうきゅう）として、志を失うことがあってはならない」という意味になる。

だが、現実はどうか。

たとえば、住宅リフォーム会社営業マンの山下信夫氏（仮名）は、飲めばこんな愚痴をこぼす。

「飛び込み営業をさせられてるんですよ。一軒一軒、朝から夕方まで足を棒にしてね。しかもインターフォン越しにけんもほろろとなりゃ、誰だって落ち込んじゃいますよ。ケツをまくればメシの食いあげになってしまうし……。こんな人生でいいんだろうか

って毎日、悩んでるんですよ」

結婚して五年目の三十一歳。一粒種の長男は幼稚園。一家の大黒柱として、これからが人生勝負だというのに、山下氏はいまの仕事に生き甲斐が持てず苦しんでいる。転職を考えているが、「これだ!」と、胸躍るような仕事は、なかなか見つからないのだという。

「人生が、そんな都合よくいくわけないだろう」

という言葉を呑み込みながら私は、L一家幹部――北山健太郎氏（仮名）が先夜一杯やりながら、

「今度、キヨシが盃を下ろされることになってね」

と嬉しそうに言った顔を思い返していた。

キヨシがどういう字を書くのか知らないが、二十歳過ぎの、面構えの厳しい若者で、北山兄ィが面倒を見ている準構（準構成員）だった。世間は「ヤクザなんかになって」と眉をひそめるが、老舗の、しかるべき組織ともなれば、そう簡単になれるものではない。十人いれば九人までがケツを割り、正式に盃を下ろされるのはせいぜい一割。北山兄ィが嬉しそうな顔をするのも当然だろう。

「そいつはおめでとう。でも、キヨシもよく辛抱したね」

「根性が違うよ。煙草銭にもピーピーしながら、三年間だ。よくやったよ」

「道心の中に衣食有り——か。キヨシは、いまにベンツを乗りまわすようになるさ」

「なんだい、その道心がどうのってのは」

「天台宗を開いた最澄の言葉でね、志を貫けばメシは食えるって意味で……」

酔いも手伝って、私は自分の昔話をした。実は、この言葉を戒めとして、私は三十年間を生きてきたからだ。

　二十代半ば、週刊誌記者をしているときだった。仲間のA氏がフリーライターとして独立した。取材力はもちろん、硬質で畳みかけるような彼の文章はグイグイと読者を引っ張っていく。遠からず著名ライターとして世に出るものと、私はひそかに畏敬していた。

　だが、彼はなかなか芽が出なかった。理由は私にはわからない。やむなくA氏は、食うために居酒屋でアルバイトを始めた。初めのうちは週末の二日間だけだったが、やがて三日になり、半年後には同棲して、それが仕事になった。

「まあ見てろ。そのうちいいものを書くから……」

呑めば悪酔いした。

私が「道心の中に衣食有り」という最澄の言葉に出合うのは、ちょうどこのころのことだった。そして、こう思ったのだ。

（志を貫けば、本当に衣食がおのずとついてくるものかどうかはわからない。だけど、衣食のことを先に考えてしまえば、志は挫折する）

居酒屋で働くA氏が〝現実〟だった。

（もの書きを志すなら、筆以外でメシを食うことを考えてはならない）

私は自分にそう言い聞かせた。

やがて私も週刊誌記者を辞し、一本立ちすることにした。荒海にボートを漕ぎ出すようなもので、波間に浮かび続ける保証はない。だから、どんな原稿でも書いた。石にかじりつくようにして原稿を書き、食いつなぎ、いまも食っている……。

そんな話を北山兄ィにしたところが、

「なるほどな」

とつぶやいてから、

「オレも、向谷さんやキヨシを見習わなくちゃなんねぇな。ここんとこシノギが厳しいから、女に小料理屋でもやらせようかと考えてたんだけど、それは間違いかもしれないな。どんなに苦しくても、ヤクザはヤクザでメシを食えって、その最澄とかって坊サンなら言うだろうな」

一人で頷いていた。

彼がヤクザであり続けたいと念じ、衣食を〝道心の外〟に求めるという弱さがなければ、しかるべき親分になるに違いない。私はそう思った。

この話を、住宅リフォーム営業マンの山下氏にすると、

「最澄が何と言おうと、好きな仕事でメシが食える人間がいったい何人いるんですか」

と、ムキになって反論してきた。

なるほど、山下氏の言うとおりだろう。だが、こう考えたらどうか。飛び込み営業を、糧を得る手段と考えるのではなく、たとえば技術としてとらえ、それをノウハウとして確立すべく全力で取り組む。嫌々やるのではなく、天職だと思ってやる。それによって興味と目標が生まれ、その延長線上に志がくっきりとした形をなしてくるのだ、と。

「道心(どうしん)の中(なか)に衣食(えじき)有り」

とは、

「仕事は悉(ことごと)く天職なり」

ということなのだ。

そう思い込むことなのだ。

だからヤクザはヤクザであることを貫き、営業マンは営業マンであることを貫く。

この覚悟が何より大事だと、私は最澄の教えを現実生活に敷衍(ふえん)して読み解くのである。

剣を使うのに流儀は無用である

出家なれば、何も必要ない。
すみやかに打ち据えたまえ
——沢庵

沢庵は、吉川英治のベストセラー小説『宮本武蔵』に登場する。悪たれの武蔵を境内の千年杉に吊したり、人間の在り方を説いたり、「たけぞう」という呼び方を「むさし」に変えたり、武蔵の人間形成に大きく関わる。

だが史実には、沢庵と武蔵が出会ったという記録はなく、沢庵のエピソードは吉川英治の創作だが、その着想は、沢庵が柳生宗矩に説いた「剣禅一致」にあるものと思われる。その意味では「剣豪に禅の境地を説く和尚さん」というイメージは間違ってはいないということになる。

ちなみに沢庵宗彭は臨済宗の高僧で、三十七歳で京都大徳寺の住持になるが、大徳寺が法度違反に問われたため、沢庵は幕府に抗議して出羽に配流。後に許され、出石宗鏡寺を再興する。詩歌、茶道、書道に通じ、柳生宗矩ら諸大名は沢庵の教えを乞う者も多かった。余談ながら、沢庵漬けの発案者ともされるが、あくまで俗説である。

さて、「出家なれば、何も必要ない。すみやかに打ち据えたまえ」という言葉は、木刀を構える柳生宗矩に対して、沢庵和尚はあえて武器を取らず、

「さあお斬りなさい」

と我が身をさらしたときに言ったとされる。

出典は、江戸幕府家臣・根岸鎮衛が著した『耳嚢』だが、同書は巷談を集めたものであることから、内容の真偽は定かでないが、たとえそれが〝創作〟であろうとも、沢庵のこの言葉と態度に「男のあるべき姿」を見たヤクザの親分がいる。

U組会長の吉岡秀一郎氏（仮名）が、その人だ。すでに古希を過ぎ、斯界の長老と

される。痩身の背筋をピンと伸ばし、笑顔こそ好々爺だが、口元を締めたときの表情は眼光鋭く、さすが長老の風格である。

その吉岡会長が言う。

「ヤクザもんが仏門の話なんざ、口はばったいことですが、それを承知で言わせてもらえば、あたしが、もし若い時分に沢庵和尚の言葉に出合わなかったら、こうして一家名乗りするまでになれたかどうか……。そういう意味では、沢庵和尚があたしの人生を変えたと言ってもいいでしょう」

吉岡会長が沢庵の教えに接したのは、絵と文章の小説もどきの本で、次の場面を読んで震えるほど感動したという。

そのシーンは、托鉢の僧が、柳生家の門前を通りかかるところから始まる。

木刀が打ち合う稽古の音を聞いて、托鉢僧が足を止め、

「これで御師範などとはおかしいことよ」

と嘲笑(あざわら)った。

御師範とは柳生宗矩のことで、将軍家光の剣術指南として天下に聞こえた武芸者だ。

その宗矩を笑ったわけだが、さすが将軍の御指南ともなれば、「何だと、くそ坊主！」

などと下品なことは言わない。真意を質すべく、屋敷のなかに招じ入れてから、

「出家の身で、何流の剣を学ばれたのか」

と宗矩が問うた。

ところが、この托鉢坊主は、

「剣を使うのに流儀は無用である」

と木で鼻をくくったように答えてから、

「あんたは天下の御師範ということだが、剣術は下手のようじゃな」

と言ったものだから、さすがの宗矩も腹に据えかねた。

「しからば立ち合いめされよ」

と言い放ち、二人は道場で対峙した。

宗矩が木刀を取った。そして托鉢僧は……。手ぶらで、ただじっと立っている。

「いかに」

訝る宗矩に、托鉢僧が平然と言った言葉が、

「出家の身なれば、得物など何の必要があろう。すみやかに打たれよ」

というものであった。

（何を不埒な奴が！）

打ちかかろうとして宗矩の足が止まり、突然、木刀を下に置くや、

「あなたこそは、まさに知識有徳の人。どうか心法の修行を教えていただきたい」

と頭を下げたのだった。

これがきっかけで、沢庵は宗矩に「剣禅一致」の極意を説くことになる——というストーリーだ。

「勝負すれば、宗矩があっという間に勝つさ。でも、気圧されて足が出て行かない。これが〝貫目〟の違いというやつなんだね。あたしも沢庵和尚のような男になりたいと思った。ヤクザの値打ちは代紋じゃない、カネでもない、拳銃でもない、貫目で決まるんだってね、震えるほど感動した」

吉岡会長がここまで感動したのには、わけがある。当時——吉岡会長がまだ二十代半ばだったころ、所属する組は規模も小さく、大手組織の顔色をうかがいながらシノギをしていた。

大手組織傘下の若い衆とケンカし、袋叩きにしたのは、ちょうどそんなときだった。当時の力関係からすれば、腕を落としたくらいではすまなかった。女と一緒に逃亡よ

うかと思った。

「でもね、それやっちゃったら、二度とヤクザじゃメシは食えない。女は足を洗えばいいって泣いてすがったけど、あたしゃ、踏ん切れなかった。そうかと言って、オトシマエをつけられるのも怖くてね。若いから、気持ちが揺れるんですよ」

どうすべきか逡巡しながら女のアパートに籠もっていたとき、沢庵と宗矩の出会いを書いた小説もどきの本を読んだのだという。

「女は水商売やってたから、夜は一人。出歩くわけにもいかず、たまたま目についた本をパラパラめくっていたら、柳生の話が出てきたってことですよ。貫目の違いで宗矩は足が動かなくなるんだけど、沢庵は斬られる覚悟じゃなかった——そう思ってね。ハッタリじゃなく、斬られてよしの覚悟があったから、宗矩は斬れなかった。貫目ってぇのは、結局、肚をくくって修羅場をくぐり抜けることでしか身につけることはできないんじゃないかと思ってね」

よし、死んでやれ——そう肚をくくるや、吉岡組員はすぐさま相手の事務所に乗り込んで、殺気立つ組員を前に言った。

「ケンカは、お互い五分じゃないんですかい」

たまたま相手組織の組長が居合わせ、吉岡組員の度胸を買って事なきを得た。それからというもの、代紋違いながら、この組長が若い吉岡組員のことを何くれとなく面倒を見てくれ、今日の礎を築くことになったのだという。

この話にはヤクザ特有の誇張も入っているだろう。沢庵和尚の言葉に触発されたからといって、すぐに「よし、死んでやれ」と肚をくれるものではあるまい。当然、逡巡もあったろう。逃げ切れないという観念もあったかもしれない。だが、吉岡会長が沢庵の言葉に出合わなかったら、あるいは別の人生があったかもしれないと私は思う。そういう意味で、沢庵の言葉は吉岡会長の人生を変えたことになる。

先に記したように、「出家なれば、何も必要ない。すみやかに打ち据えたまえ」と沢庵が言ったかどうか定かではない。しかし、たとえ創作であろうとも、沢庵という僧侶を重ね合わせることで、文言は生き、ヤクザの生き方をも変える。この現実を前にして、「名句は真偽を超えて存在する」と私は思うのである。

なまじ思慮深い人間ほど、明快な判断ができない

世に智慧(ちえ)のある人の病中(びょうちゅう)ほどあさましく、
もの苦(ぐる)しきことは無きことなるぞや――白隠(はくいん)

私が知るヤクザの多くは、少年院を経験している。

非行→少年院→ヤクザ→懲役――というのが定番コースだ。

そして、相撲社会が序ノ口、序二段、三段目、幕下、十両、幕内と出世していくように、ヤクザも準構（準構成員）、若衆、役付、幹部、組長という階段を上っていく。

ちなみに幕下がヤクザ社会の役付で、「関取」と呼ばれる十両、幕内が幹部ということになろうか。準構から始め、修羅場を一つひとつくぐりながら一人前のヤクザに育っていくのだ。

ところが、バブル経済華やかな時代になると、ヤクザ社会も様相が変わった。定番コースの〝叩き上げ〟に代わって、経済ヤクザなるものが幅をきかせるようになったのだ。シノギに長けた彼らは、序ノ口、序二段、三段目を素っ飛ばし、いきなり幕下付出からヤクザ社会の土俵を踏んだのである。幕下付出とは、アマチュア時代に優秀な成績を収めた力士の地位を優遇する制度のことだが、経済ヤクザと呼ばれる若手もまた、下積みを経験せずして〝一端のヤクザ〟になったというわけである。

広域組織四次団体Ｄ総業に、沢井修二氏（仮名）という幹部がいる。私大卒で、消費者金融会社からヤミ金を経て、Ｄ総業に入った。四次団体とはいえ、稼業歴四年の三十三歳で幹部とは異例の出世で、組長に多額の上納をしているともウワサされた。隙のない高級仕立てのダークスーツに端整な風貌は、一流ビジネスマンで通るだろう。

「金で拳銃は買えるが、拳銃じゃ金は買えねぇよ」

というのが口癖で、ヤミ金でのし上がってきた経済ヤクザの典型であった。

だが、いくら「金は力」と嘯いてみたところで、修羅場を知らず、ヤクザ修行を経験していないということで言えば、カタギが金バッチをつけているのと同じだ。ここに沢井組員のコンプレックスがあった。

だから、虚勢を張る。

「ナメられてヤクザが務まんのかよ！　拳銃抱いて死んでこんかい！」

組長の威光をバックに、イケイケの最右翼が沢井氏であった。

そんなある日のこと。D総業が飲食店経営者に貸し付けた債権をめぐってトラブルが起こった。追い込みをかけるD総業に、〝ケツ持ち〟だといってV組が出てきたのである。

一般的にいって、こういう場合、〝ケツ持ち〟が出てきてくれたほうが話は早い。代紋が違っても、そこはヤクザ同士。阿吽の呼吸で、表面上は一触即発の〝場面〟を演じつつ、双方のメンツが立つよう条件交渉になるからだ。

ところが、

「V組がナンボのもんですかい。いい機会だから、ブッ潰しちまいましょうや」

沢井組員が幹部会で吠えたのである。どうせ〝手打ち〟になると高をくっていたからだ。まさにコンプレックスが言わせたイケイケ発言であったが、これが誤算だった。

話がこじれたのだ。

掛け合いに臨んだD総業幹部の強気が裏目に出て、V組がケツをまくり、抗争の危機に陥ったのである。

事務所は緊迫した。

「殺(や)るか」

「いきなりはまずいでしょう」

「事務所にカチコミかけて、向こうの出方を見たほうがいいんじゃないですか」

「どうせなら、組長の家(ヤサ)にカチコミましょうや」

「いや、それをやったら向こうは引っ込みがつかなくなる」

本部長を中心に話し合いが持たれ、カチコミ——相手の事務所に銃弾を撃ち込むことに決まったが、イケイケのはずの沢井組員がなぜか黙っている。

「どうした、沢井。反対か？」

本部長に問われて、

「いえ、別に……」

「そうかい。じゃ、おめぇ、若いもん連れて行ってこい」

「じ、自分がですか」

緊張に青ざめた顔で声を震わせた。修羅場を知らず、見聞した知識で一端のヤクザを気取った沢井組員のメッキは、こうして剝げたのだった。

実は、私は沢井組員には一度しか会ったことがない。彼が〝売り出し〟のころのことで、内科を開業する立崎修一先生（仮名）の紹介だった。二人は近所同士で、立崎先生は昔から沢井組員を知ってはいたが、沢井組員が糖尿病で定期的に来院するようになって親しくなったということだった。会って一杯やったのだが、頭脳明晰で、シノギには長けているようだったが、ヤクザとしては線が細いという印象を受けたのを覚えている。

以下は、その後の沢井組員について、立崎先生から聞いた話だ。

組内で浮いた沢井組員は精神的に落ち込み、このままでは鬱になると危惧した立崎先生は、座禅会に誘ったそうだ。立崎先生の趣味が座禅で、臨済宗M寺の座禅会によく出かけていた。私も何度か誘われたが、我が家の宗派が浄土真宗ということで、お断りしていた。

「それで、沢井君を引っ張って行ってさ。住職に紹介したんだ」

と立崎先生が続ける。

「沢井君が状況を話して、自分はヤクザとしてやっていけないかもしれない、って相談したんだ。すると、住職は何と言ったと思う？　なるほど、それはお困りじゃろう――そう言ったんだ。これには僕も驚いてさ。〝和尚、そんなことじゃなく、いい機会だから、足を洗ったほうがいいんじゃないですか〟と言ったら……」

住職は「この若い御仁の悩みは、ヤクザとしてやっていけるかどうかであって、足を洗うかどうかではない」と断じ、

「世に智慧(ちえ)のある人の病中(びょうちゅう)ほどあさましく、もの苦(ぐる)しきことは無きことなるぞや」

という白隠慧鶴(はくいんえかく)の言葉を引いて、沢井組員に語りかけた。

「なまじ思慮分別のある人間が病気にかかったときは、これは見苦しいものでな。医者の診断を疑(うた)ごうてみたり、身内の励ましを勘ぐってみたり。本当は不治の病かもしれないと妄想してみたりで、しまいには神経までおかしくなる。つまり――」

と、黙って耳を傾ける沢井組員に続ける。

「インテリぶった人間ほど、いざ困難にぶつかったら右往左往するばかりで、明快な判断も英断もできないということを、病気に喩えて白隠さんは言うておる。あんたの世界で言えば、いつも能書きばかり言っておるくせに、いざ事に臨んだら何にもできない人間のことじゃ」

この言葉に、沢井組員は一言もなかったという。

それから数日後――。

治療にやってきた沢井組員は、

「一から修行し直します」

と、晴れやかな顔で立崎先生に告げたという。

経済ヤクザの沢井組員がなぜ足を洗わなかったのか、私にはわからない。ヤクザが事業に手を染めるようになると、代紋が邪魔になるとされる時代に、沢井組員はなぜ〝本物のヤクザ〟になろうとするのか。私の推測に過ぎないが、〝ヤクザもどき〟であった自分に対する嫌悪とケジメなのかもしれない。男には、理屈を超えて克服しなければならないことがあるのだ。

ちなみに白隠慧鶴は、臨済宗中興の祖として知られる。禅の難解な教えを禅画や和讃の形式にすることで民衆に広める一方、公案禅を確立した。
「世に智慧のある人の病中ほどあさましく、もの苦しきことは無きことなるぞや」という句は本来、白隠の師・道鏡慧端のものだが、白隠が病気の僧にあてた手紙にこれを引用したことから世に知られ、〝白隠の言葉〟とされている。白隠自身、厳しい禅修行によって、いわゆる禅病に苦しんだ経験がある。神経衰弱ともノイローゼともいわれるが、精神力でこれを克服した〝白隠の言葉〟だけに、万鈞の重みをもって迫る。

参考までに句の全文を紹介しておこう。
「世に智慧のある人の病中ほどあさましく、もの苦しきことは無きことなるぞや。来し方、行く末のことなども際限なく思い続け、看病人の好悪などをとがめ、旧識同伴の間闊を恨み、生前には名聞の遂げざるを愁え、死後は長夜の苦患を恐れ、目を塞ぎて打臥し居たるは、殊勝にもの静かなれども、胸中騒がしく、心上苦しく、三合の病いに、八石五斗のもの思いあるべし」

味わうほどに、含蓄に富んだ名句である。

死は必ず訪れる。今日かもしれないし、明日かもしれない

朝(あした)には紅顔(こうがん)ありて、夕(ゆうべ)には白骨となれる身なり――蓮如

兄貴が急死した。

弟分の吉野英治組員（仮名）は急報を受け、病院へタクシーを飛ばした。

「心不全だって……」

姐さんが放心したように吉野組員に告げた。兄貴は安らかな寝顔でベッドに横たわ

っていた。深夜までお供をして飲み歩き、自宅マンションに送り届けて数時間後のことだった。

兄貴――F組幹部の沢村輝一郎氏（仮名）と吉野組員は同郷で、中学の先輩にあたる。東京からベンツに乗って颯爽と帰省する沢村幹部は、地元不良少年たちのあこがれであった。

吉野組員の人なつこさが気に入ってか、高校を中退して不良をやっていた吉野組員をF組に誘ってくれたのが沢村幹部で、若い衆として手元においてヤクザのイロハから仕込んでくれた。頭が切れ、情に厚く、それでいて抗争になると一歩も引かない火の玉のような男――それが沢村幹部だった。

（兄貴のようなヤクザになりたい）

沢村幹部に付いてこの三年間、吉野組員が心酔し、念じ続けてきたことだった。

その兄貴が急死したのだ。

抗争で命を落としたのであれば納得がいく。心の準備もできていたろう。「ヤクザは畳の上じゃ死ねない」――それが兄貴の口癖でもあった。ところが、病死。しかも心不全とは……。あまりに呆気なく、吉野組員は、この現実を容易には受け容れることができなかった。遺体は両親が引き取り、葬儀は地元の寺で行われることになったが、両親の強い希望で、吉野組員のほか、組関係者は遠慮した。

「お経を聞きながら、悔しくて悔しくて……」

と、吉野組員が葬儀を振り返って語る。

「兄貴はいずれ組を継ぐ人間です。それが心不全で死んじまうんだもの、悔しいじゃないスか。三十四歳ですよ。これからだっていうのに、兄貴も無念だったろうって思うと、涙が止まらなかったですよ」

実は、私と吉野組員は、この夜が初対面だった。ヤクザ記事を専門に書くライターと飲む約束をしていて、彼が取材の流れで連れて来たのだ。飲むほどに酔うほどに、吉野組員が沢村幹部について話し始めたのだが、正直言って私は興味がなかった。沢村幹部とは面識がなく、一介のヤクザの病死など、失礼だとは思うが、私には関わりのないことだった。

それで、酒を断った私はウーロン茶を飲みながら生返事をしていたのだが、次の一言で私はグラスを置き、吉野組員の顔を見た。

「通夜で坊さんが『朝は元気だったのに、夕方は白骨となってしまう』って話を、お経のあとでみんなにしたんスよ。このとき、ハッとして……」

白骨とは、蓮如の『白骨章』のことに違いない。そうすれば、宗派は私が得度した浄土真宗ということになる。『白骨章』を聞いて、ハッとなったという吉野組員の話を、僧籍の末席につらなる私は、ぜひ聞いてみたくなったのである。

「そうスね、何ていうか、兄貴のことよりも、自分のことが気になってきたっていうか……。兄貴もそうだけど、人間、明日はわかんないんだな、って。自分の人生もそうなんだってことに気がついたんですよ。人ごとじゃないんだって……」

寺の名称も、住職の名前も吉野組員は知らない。『白骨章』の言葉も覚えてはいない。だが、沢村幹部の葬儀を通じて、「人間、明日はわからない」という現実に目覚め、ヤクザとしてこれからどう生きていくか、自らに問いかけたのであった。

浄土真宗における葬儀の意味は、身近な人の死という悲しい現実を通して、参列者が真実の教えに出合い、自分自身の在り方を見つめ直すことにあり、それを説く一法として『白骨章』が読まれることがある。『白骨章』は、本願寺中興の祖・八世蓮如が門徒に宛て、手紙形式で説いた「御文章」のなかの一つとして知られる。

少し長くなるが、『白骨章』の全文を紹介しておく。意味を拾わずとも、文言を眼で追うだけで、吉野組員の魂がなぜ揺さぶられたかが理解できるだろう。

「それ、人間の浮生なる相をつらつら観ずるに、おほよそはかなきものはこの世の始中終、まぼろしのごとくなる一期なり。

さればいまだ万歳の人身を受けたりといふことをきかず、一生過ぎやすし。いまにいたりてたれか百年の形体をたもつべきや。われや先、人や先、今日ともしらず、明日ともしらず、おくれさきだつ人はもとのしづくすゑの露よりもしげしといへり。

されば朝には紅顔ありて、夕には白骨となれる身なり。すでに無常の風きたりぬれば、すなはちふたつのまなこたちまちに閉ぢ、ひとつの息ながくたえぬれば、紅顔むなしく変じて桃李のよそほひを失ひぬるときは、六親眷属あつまりてなげきかなしめども、さらにその甲斐あるべからず。

さてしもあるべきことならねばとて、野外におくりて夜半の煙となしはてぬれば、ただ白骨のみぞのこれり。あはれといふもなかなかおろかなり。されば人間のはかなきことは老少不定のさかひなれば、たれの人もはやく後生の一大事を心にかけて、阿弥陀仏をふかくたのみまゐらせて、念仏申すべきものなり。あなかしこ、あなかしこ」

意訳は割愛する。人間は必ず死ぬものであり、所詮、早いか遅いかの違いだけで、私が先か人が先か、今日かもしれないし、明日かもしれない——と蓮如は「諸行無常」を説くのだ。

「諸行無常」とは「森羅万象は常に変化する」という意味で、「諸法無我」「一切皆苦」「涅槃寂静」と合わせて四法印と言い、仏教の根本思想とされる。ちなみに「諸法無我」は「私という実体は存在せず、縁によって生ずる」という意味で、「一切皆苦」は「この世は苦であり、苦があるが故に慈悲が生まれる」とする。「涅槃寂静」は「煩悩の炎が吹き消された悟りの境地」を言い、仏教はここに到達することを目的とする。

　吉野組員に、ここまでの仏教認識があったかどうかはわからない。『白骨章』の意味についても、他人に説明できるだけの理解はなかったろう。それでも『白骨章』の言葉によって、沢村幹部の死を我が身に置き換え、これからの人生に思いを馳せたであろうことは確かだった。

　まだ二十歳過ぎの吉野組員だ。人生を俯瞰して見るには若すぎるだろう。『白骨章』の一文で、吉野組員の人生がたちまち変わるとは私は思わない。だが、人生の甲羅を経て半生を振り返ったとき、沢村幹部の通夜で読み聞かされた『白骨章』が、その後の人生にどんな意味を持ったか、私は問うてみたい気がするのだ。

文庫版あとがき

かつて、若手のインテリ組長が「でもしかヤクザ」と自嘲したことがある。〝でもしか〟とは「ヤクザにでもなるか」「ヤクザにしかなれない」という意味で、「学歴、年齢、経験一切不問だね」と言って、インテリ組長は鼻を鳴らした。

だが、一端の兄ィになれば、いいクルマに乗って、いい女を抱いて、世間を蹴散らすように肩で風切って歩くことができる。動機は〝でもしか〟であろうとも、そこには「ヤクザ・ドリーム」がある。

「ヤクザなんかになって」

と世間は眉をひそめるが、組の門を叩く彼らに落ちこぼれの意識は希薄で、将来の自分を思い描いて親子の盃を飲み干し、たちまち現実という壁に跳ね返される。「ヤクザ・ドリーム」は夜空の星に似て、確実にそれは存在はしていても、手を伸ばして届かざる高みにあることを思い知る。

仕事(シノギ)は厳しく、他組織とツノを突き合わせる日々に気持ちが休まるときはない。抗争事件が起こり、「殺れ」と命じられれば〝道具〟を懐に走る。殺っても殺られても人生はそこで終わる。「なぜ」「どうして」「何のために」――という懐疑はやがて、

（こんなはずじゃなかった）

という後悔の念へと変わっていく。だからヤクザは「バカでなれず、利口でなれず、中途半端でなおなれず」と、いささかの矜持(きょうじ)を込めた言葉で、矛盾と懐疑に折り合いをつけるのだ。

本書が二〇〇八年に刊行されてから、今年でちょうど十年になる。法律による締めつけの強化と経済不況で、ヤクザ社会は長らく冬の時代にある。だが、取り巻く社会状況がどうあろうとも、彼らの人生についてまわる「なぜ」「どうして」「何のために」という懐疑は影のように張りついていて、いささかも変わることがない。このたび文庫化にさいし、改めて読み返してみて、そのことを痛切に感じる。

この十年のうちに鬼籍に入ったヤクザもいれば、足を洗ってカタギになった者もいる。出世した者もいれば、病に伏した者、芽が出ないまま燻っている者と、本書に登

場したヤクザたちのその後の人生はさまざまとしても、「仏教名句」に少なからぬ影響を受けたであろうことを、私は確信している。

人間は言葉の生き物である。片言半句に触れることで、憑きものが落ちるように豁然と人生の実相が見えてくることがある。矛盾に苦しむということにおいて、これはヤクザも私たちも同じではないか。「仏教名句」をヤクザたちの生き方において執筆したのは、矛盾の坩堝に棲息する彼らを映し鏡とすることが、私たちの生き方の一助になると考えたからだ。

本書は、私が僧籍を得た翌年、仏法と格闘していたときに構想した。名僧たちは一句をもって私たちに何を説こうとしているのか。読者諸賢がそれぞれに引き寄せて読み解いていただければ幸いである。

なお文庫化にあたり、幻冬舎の鈴木恵美氏、編集の労をとっていただいた小林駿介氏に、この場を借りて感謝とお礼を申しあげる。

向谷匡史

この作品は二〇〇八年一月河出書房新社より刊行されたものです。

ヤクザの人生も変えた名僧の言葉

向谷匡史

平成30年4月10日　初版発行

発行人――石原正康
編集人――袖山満一子
発行所――株式会社幻冬舎
〒151-0051東京都渋谷区千駄ヶ谷4-9-7
電話　03(5411)6222(営業)
　　　03(5411)6211(編集)
　　振替00120-8-767643
印刷・製本―株式会社　光邦
装丁者――高橋雅之

幻冬舎アウトロー文庫

ISBN978-4-344-42731-0　C0195　O-130-1

幻冬舎ホームページアドレス　http://www.gentosha.co.jp/
この本に関するご意見・ご感想をメールでお寄せいただく場合は、
comment@gentosha.co.jpまで。